言えない　聞けない　伝わらない

コミュニケーションのもどかしさがなくなる本

認識交流学 学長
中村青瑚

イースト・プレス

こんな人、いませんか？

いつも大きな声で詰めてくる。ちょっと曖昧《あいまい》な返事をすると、「君には自分の意見がないのか！」と余計うるさい……

冷たい言い方で、細かなところをチクチク。神経質そうで、一緒にいるとプレッシャーで息が詰まりそう……

周りに気を遣って、遠慮がち。どこかオドオドしていて、「言いたいことがあるならはっきり言って！」と言いたくなる

やたらノリが軽くて真剣みが足りない。普段は楽しいからいいけれど、仕事でもそのノリでくるから厄介……

いつも静かで感情を表に出さないから、どう接していいのかわからない。仕事も指示待ちでイライラする………

腕組み足組みで偉そう。話しかけると「要点は？」って急かされる。説明しても「わかった」って最後まで話を聞かない……

この本は、こうした面倒な人間関係を楽にするためのツールです。広い心で相手を受け入れる必要はありません。嫌いな相手は嫌いなまま、苦手な相手は苦手なままでいい。

プライベートでも職場でも、ちょっとしたテクニックを覚えるだけで、人付き合いに苦しむことが劇的に少なくなります。

本書のベースとなる
「認識交流学」のセミナーを受講した方からは、
驚きと喜びの声が届いています！

「トラブルの原因はこれか！」と納得できました。「自分がされて嬉しいことは相手も嬉しい」というのは勘違いでした。

仕事だけでなくプライベートでも、コミュニケーションを円滑にすることができる技術だと思いました。

他者から否定的な反応を受けたときに「色が違うだけ」と考えられることで、人間関係がとても楽になると思いました。

同じ表現をするにも、言葉の選び方、声音、表情などを相手の好みに合わせることでコミュニケーションが円滑になる。

「自分の常識は他人の非常識である」ということを認識していると、日々自己成長していくことができる。

大学生時代に心理学を学んでいました。実生活で使えるプログラムを作っていただき、ありがとうございました。

自己分析を通して、自己理解と他者理解ができました。自分のメンタルを整えることにも活用できると思いました。

社員配置を考えるときに、スキルや社歴以外の新しい基準を持つことができました。離職率が下がるように思います。

自分を否定することが多かったのですが、「ああ、私、これでいいんだ」と思えるようになりました。

仕事関係でどうしても避けられない、クライアントとの打ち合わせや交渉に使ってみたいと思いました。

はじめに

こんなすれ違い、経験ありませんか？

妻「久しぶりの旅行、ゆっくりしたいね」
夫「そうだな。２年ぶりの旅行だから、いろいろ見て歩かないとな」
妻「ちょっとあそこのお土産屋さん見てもいい？」
夫「ん？　ランチを予約してあるから、少し急いだほうがいいぞ」
妻「少しくらい遅れても大丈夫じゃない？」
夫「いや、時間は守ったほうがいい。お土産はいつでも買えるだろ」
妻「え、だって午後からは別の所に行くんでしょ？　ここじゃないと見られないお土産もあるじゃない」
夫「いや、ちゃんと時間通りに行って、温かい料理を楽しもう。君もおいしいものを食べたいと言っていたじゃないか」
妻「そんなに時間、時間って言ってたら、全然楽しめないじゃない」
夫「なんでいつもそんなに時間にルーズなんだ。今朝だってギリギリまで支度してたじゃないか」
妻「遅れたわけじゃないし、別にいいじゃない。なんなの？　もう……」
夫「とにかく、早く行くぞ」
妻（この人、なんでいつもこうなんだろ……。少しくらい遅れてもいいじゃない。せっかくの旅行なんだから好きなようにさせてくれればいいのに……）
夫（段取りも何もあったものじゃない。お店にも都合ってものがあるのに、そんなことも考えないなんて。予約の時間まであと10分しかないじゃないか）

はい。本書を読めば、こういうの、全部なくなります。

なぜ、こうしたすれ違いが起こるのか。それは、人それぞれに物事の考え方、捉え方が違うからです。

この例では、妻も夫も悪くないんですね。

妻は「楽しさ」を基準に考えるタイプです。久しぶりの2人の旅行。せっかくだから目いっぱい楽しみたい。ランチも大事だけど、目の前にあるお土産屋さんも大事です。対して夫は、スケジュールや論理を大事にするタイプです。妻を楽しませるために決めた予定を、崩したくないわけです。

お互いに相手を責めるつもりはないのに、考え方が違うことでモヤモヤが生まれてしまう。僕たちは、こうした行き違いを「認識のズレ」と呼んでいます。これが、コミュニケーションがうまくいかないたったひとつの理由です。

「コミュニケーション本」は覚えることが多過ぎ

世の中には、話し方や伝え方を説く本がたくさんあります。それだけコミュニケーションが大事だということの表れだと思いますが、それらの本を読んでどう思いますか？　僕は正直、覚えることが多過ぎると思います。

本書のノウハウは、覚えてしまえばとてもシンプルです。簡単に言えば、相手がどんな考え方をするタイプなのかを知り、それに合わせて少しコミュニケーションの入り口を変える。これだけです。

人それぞれに違う思考のタイプ。それを僕たちは「パーソナリティ・タイプ」と呼び、わかりやすく6色に分類して、それぞれにキャラクター名を付けています。

と言っても、血液型や星座占いのように、「この色はこんな人です」と決めつけるものではありません。誰もが6つのタイプすべての要素を持っています。その中でも表面によく出るタイプ、あまり出ないタイプがあり、その割合が人によって異なります。

ただ、そう言われてもよくわからないと思います。どんなタイプがあるのかを知るためにも、まずは巻頭にある自己診断をしてみてください。各タイプの特徴を知ってもらったうえで、各タイプに合わせたコミュニケーションの方法をご説明していきます。

本書では主にコミュニケーションについて扱いますが、パーソナリティ・タイプは自己発見のためのツールでもあります。体験者の方からは、コミュニケーションが楽になったということ以外にも、「自分は自分でいいんだと思えた」「意外な自分を発見できた」という感想を多くいただいています。

普段本を読むときには、ワークシートやアンケートなどを無視してしまう人も多いと思いますが、この本では最初に診断することを強くお勧めします。診断する前にこの後の内容を読んでしまうと、「自分はこのタイプっぽい」「このタイプではない」と余計な思考が邪魔をして、正しい診断ができません。

診断はインターネットでも簡単にできるので、ぜひ試してみてください。

●パーソナリティ・タイプ診断

https://ninshikigaku.com/simplept

本書は必要な所だけ読めばＯＫ

本書のざっくりとした内容は次の通りです。

第１章では、各思考タイプの特徴をお話しします。
第２章では、そもそも、なぜコミュニケーションが必要なのか、という話。
第３章では、相手のタイプに合わせたコミュニケーションの方法。
第４章では、話を少し広げて、これから必要なマネジメント力について。

本書のノウハウは、恋人、家族、友人、初対面の相手、職場、取引先など、日常のあらゆる場面で使えるように仕上げています。

いろいろなことを書いていますが、とりあえず大きく４つの要素を読んでもらえれば、十分に使えるテクニックを覚えられるはずです。その部分はページの端に目印を付けているので、まずはそこだけ拾い読みしてもらってもいいし、一度全体を読んだ後、忘れてしまったことがあれば、その部分だけ読み返してもらえればいいと思います。

また、コミュニケーションの際には、口にする言葉や表情も大切ですが、声のトーンがとても重要です。この本でもそうした部分を説明しますが、やはり活字には限界があります。そこで、タイプ別接し方のお手本を音声で聞くことのできるプレゼントを用意しています。詳しくは巻末をご覧ください。

さて、3章まででも十分に役立つノウハウを手に入れることができますが、4章ではマネジメントについてお話しします。

主にビジネスの場面でのお話になりますが、規模の大小問わず、これからはどんな仕事でもマネジメントを求められるようになります。そこでもパーソナリティ・タイプは大きな武器になります。どんな職種や立場でも役立つ内容になっているので、合わせて参考にしてください。

いちばん大切なことに気づいた出来事

僕は高卒で会社員として働いていましたが、一念発起して27歳で起業しました。しかし、1年経たないうちに廃業。うまくいかなかったいちばんの原因は、根本的な知識不足だったと思います。「月に手取りでこれくらい稼ぎたいから、このくらいの売り上げがあればいいな。まあ、イケんじゃね？」と借金して、小さな雑貨屋を始めました。当然、うまくいきません。

「もっと本質的なことを知らないとやばい！」ということで、セールスやマーケティングを学び、自分なりに試していくことで、少しずつうまくいくようになりました。ネットビジネスで大きく稼いだり、服飾事業で地域一番店を構築したり、株式上場を目指したり、東日本大震災で収益がゼロになったり、その後も紆《う》余《よ》曲《きょく》折《せつ》ありましたが、いまでは幸せに暮らすために十分なお金を稼ぎ、時間に縛られることなく、自由に生活できるようになりました。

ただ、学んだ理論だけではうまくいかないこともありました。**ビジネスのすべてには人が関わります。**理屈だけでは対応できないことが起きるんです。

僕が複数のビジネスを立ち上げ、事業展開を図っていた頃、ある青年が「成功してポルシェに乗りたい」と入社してきました。

当時の僕は「認識のズレ」なんて知りません。僕が彼の立場なら、厳しい指導でも、最短最速で結果を出せるように教えてもらったほうがいい。相手も同じように考えるだろうと思って、自分が結果を出してきた方法を、ビジネスライクにガンガン叩き込んでいました。

彼も成果を出していったのですが、僕は自分の教え方がプレッシャーになっていることに気づけませんでした。

彼はある日突然、辞表を持ってきました。

「もう少し頑張ればポルシェも買えるのに、辞めちゃっていいの?」

「お金はもういいです！　僕はあなたとは違うんだ！」

自分が良いと思うことを、相手もそう思うとは限らないんです。

それはお客さんも同じではないでしょうか。同様のサービスを提供しているのに、満足する人とそうじゃない人がいる。もちろん全員を満足させることはできませんが、「自分たちのサービスや商品の魅力をしっかり伝え切れずに断られるのは、お互いにもったいないな」と、思っていました。

人間関係のモヤモヤを解決可能な課題に変える

そうした課題を感じながらたどり着いたのが、心理学でした。社会心理学や認知心理学、行動心理学、ＮＬＰ（神経言語プログラミング）、広くはコーチングなどを学んでいきました。

その中でも、いちばんの出会いは人間性心理学（パーソナリティ理論）でした。本書のノウハウの土台になっている理論は、「交流分析」という人間性心理学です。アメリカの精神科医エリック・バーン博士が提唱し、多くの学者や関連機関が60年以上の時間をかけて研究を重ねてきました。

交流分析は、もともとカウンセリングの手法のひとつですが、自己理解や日常的な人間関係にも大いに役立ちます。しかし、一般の人たちがそのまま現場で使うのは難しい。そこで、実用的に使える部分に注目し、そのエッセンスを一般化させたのが、本書のノウハウです。

人に焦点を当て、実際のコミュニケーションの場面で使えるように、他の心理学や行動経済学、それに僕がビジネスの現場で約20年かけて培ってきたノウハウをミックスしています。

こうした経緯から、心理学者が見れば根拠に欠けると思われるかもしれません。それはそれで僕は否定せず受け入れますが、本当に必要なのは、読み終わった瞬間から使える実践的な内容ではないでしょうか。

このノウハウを築き上げるまで、僕の中で「認識のズレ」は解決不可能なものでした。なるべくその人に合ったやり方をしようとは思うけれど、それは感覚的なものでしかなく、最後の最後は侵入できない領域でした。

それが、実は解決するツールがあった。人間関係というモヤモヤとした難題が、解決可能な課題に変わったんです。

本書でお伝えするコミュニケーションの方法は、人間関係における多くの問題を解決する最良の方法になり得ます。

- いますぐに人間関係の悩みを解決したい
- 人にイライラしたくない、振り回されたくない、嫌われたくない
- チームマネジメント力を高めたい
- 離職率や採用問題を解決したい
- 自己肯定感を高めたい、自己理解を深めたい

こんな問題を感じているのであれば、ページをめくってみてください。新たな自分の発見と、人間関係のストレスが限りなく少ない世界が待っています。

第1章
頭の中を6色で分析する

第2章 「コミュニケーション能力」の誤解

もくじ

第3章 面倒な人付き合いからの解放

要チェック！ P192～P197

第4章

すべての人に求められる「マネジメント力」

本書では、人の思考を「パーソナリティ・タイプ」として6タイプに分析しています。

各タイプの特徴や、各タイプに合わせた接し方を解説する部分では、わかりやすくするために、あえて断定的・極端な表現をしています。不愉快に感じるところもあるかもしれませんが、本人の性格や人間性、能力の優劣などを決めつけることを目的とするものではありません。あらかじめ、お含み置きいただけると幸いです。

第1章

頭の中を6色で分析する

コミュニケーションを阻《はば》む「認識のズレ」

「おつかれさま」って何のために言いますか？

仕事が終わって帰るときに、「おつかれさま」って言いますよね。

いきなり変な質問ですが、「おつかれさま」って何のために言いますか？

僕たちが主催する「認識交流学」のセミナーでこの質問をすると、「人の考え方や物事の捉え方ってこんなにも違うんだなあ」と実感します。

Aさん「礼儀でしょ。挨拶は当たり前。黙って帰るなんてあり得ない」
Bさん「自分は仕事を終えたんだ、という意思表示。ほかの人にも言ってもらわないと、帰ったのか、ただ席を外しているだけなのかわからない。現状確認という意味合いが強いですね」
Cさん「**お互いをねぎらうため**ですね。今日も一日頑張ったよね。明日もよろしくね。やっぱり気遣いは大切ですよね」
Dさん「仕事終わったー!! みたいな。さあ、**これから楽しい時間だ！** って感じです」
Eさん「できれば何も言わずに、**そーっと帰りたい**です……」
Fさん「一応言うけど、**本当はどうでもいい**。でも、この人にはあいさつしたほうがいいな、と思う相手にはしっかりするかな」

どうでしょうか、読者のみなさんはどれに当てはまるでしょうか。違う考え方もあるかもしれませんね。

なぜ「こんにゃく」が怖いのか

人はそれぞれ、物事の考え方、伝え方、捉え方が違います。

「10人いたら10通りの考え方がある」

よく聞く言葉です。これを否定する人はいないでしょう。でも、なぜか実際のコミュニケーションの場面ではそういうことが忘れられがちです。

自分の言っていることを、相手も同じ意味で理解するという前提で話す、自分にとっておかしなことを言う人が、なぜそう言うのかを考えずに、間違った意見だと決めつける。こうした「認識のズレ」が、コミュニケーションがうまくいかないたったひとつの理由です。

「人それぞれに考え方が違う」ということは、みんなわかっています。でも、じゃあどんな風に違うのかは見えません。

人は、理解できないことや見えないことに対して不安を覚えます。そしてそこから逃れるために、対象を怖がったり攻撃したりします。

バラエティ番組でよく見かける「箱の中身はなんだろな？」と同じです。箱の中身が「こんにゃく」だったとしても、中が見えないから不安を感じる。その不安がさらに強い不安を生み出します。

不安が大きくなると、恐怖に変わっていきます。すると周りに文句を言ったり、大声を出したり、泣きそうな顔になったりと、いろいろな反応を見せるわけです。

一方で、ほかの出演者や視聴者は箱の中身を知っているから、まったく怖くありません。怖がっているリアクションを見て、笑っていればいいわけです。

最初から「こんにゃく」だとわかっていたら、怖がることはありませんし、文句を言うこともないですよね。乱暴な言い方になりますが、**この理屈を人相手に置き換えたのが、本書でお伝えするノウハウ**です。

みんな違う色のメガネで世の中を見ている

自分以外の人がどのような考え方をしているか、そのパターンにはどういった種類があるか、それぞれのパターンに対してどのようにアプローチすればいいのか、そういったブラックボックスを解き明かすツールを提供するのが、この本の役目です。

色メガネ（サングラス）をかけているときのことを想像してください。グレーのレンズを付けていれば、世の中はグレーに見えます。青いレンズであれば、世の中は青色に見えます。黄色のレンズであれば、やはり世の中は黄色に見えるはずです。

人はそれぞれ違う「思考の色メガネ」を通して世の中を見ている。僕たちはその種類を茶・青・オレンジ・黄・緑・赤の6タイプに置き換え、それぞれにキャラクター名を付けています。タイプごとに思考のクセがあり、口癖や態度、見た目など、いろいろな面で特徴を持っています。

例えば、青タイプは「論理・思考・効率」を重要視して世の中を眺めます。オレンジタイプは「調和・心情」を大切にし、黄タイプは「自由・創造」を基準に判断します。

先ほどの「おつかれさまです」の例でいえば、ABCDEFの順に、茶・青・オレンジ・黄・緑・赤をモデルにしています。それぞれどういう思考のクセを持っているかは、改めてお話しします。

各タイプの特徴を理解する

性格や優劣を決めつける診断ではない

それではいよいよ、自分がどんなタイプなのかを見ていきましょう。
と言いたいところですが、具体的な説明の前に、大事なことを言います。早く自分のタイプの特徴を知りたいと思いますが、とても大事なことなので、しっかり読んでくださいね。

パーソナリティ・タイプを扱ううえで絶対に忘れてほしくないのが、**パーソナリティ・タイプとは、その人の性格や思考、能力を決めつけるものではない**ということです。

例えば、血液型診断は、「○型の人はこんな性格」と、人それぞれの思考を分類するひとつの物差しだと言えます。星座や生年月日をもとに才能を見出す方法も同じですね。

その点で、パーソナリティ・タイプは異なります。

まず、**誰でも6タイプすべての要素を持っています**。「青の特徴だけを持つ人」「赤の特徴だけを持つ人」というのはいません。みんな普段から無意識のうちに、各タイプを状況によって使い分けています。どのタイプの特徴が表に出やすいかは人によって違い、診断によってその割合を数値化できます。

それに、パーソナリティ・タイプは**誰かと比べて優劣を決めるものではありません**。診断結果は、その人の中の割合を点数化したものです。人に比べて茶が強いからと誇るものではありません。もちろん、オレンジが少ないと落ち込むこともありません。

おかしな言い方になりますが、そもそも、**人の思考や性格は6種の並びだけで**

分類できるほど単純なものではありません。仮にまったく同じ並びの2人がいたとしても、育ってきた環境も異なれば、経験や価値観も異なります。それらからいろいろな影響を受けながら、個性はつくられていくわけです。

パーソナリティ・タイプ診断も、その複雑な思考をわかりやすくするためのツールに過ぎないと考えてください。

本書のノウハウを使いこなすうえで、このことがすごく大事です。この後でもたびたび触れていきますが、覚えておいてください。

さあ、自分のタイプを見てみよう

さて、冒頭の診断はやっていただけたでしょうか。まだしていない場合は、ぜひ診断してから以降の説明を読んでください。自分のタイプを把握したうえでコミュニケーションの方法を知ることで、より深く理解できるようになります。何より、きっといまより深く自分を知ることができると思います。

インターネットではなく、紙で診断をした人は、診断結果を書き込む部分の「タイプ」が空欄になっていると思います。AからFは、次ページの6タイプに対応しています。例を参照して、空欄を埋めてください。

診断結果を見て、**いちばん左に来る色を、その人の「ベース」と言います**。これが最も強く表れやすい色で、そこから**2列目・3列目の順に表れやすい**ということになります。個人差があるので一概には言えませんが、**左から3つが表れやすい**と覚えておいてください。

それではここから、各タイプの特徴を説明していきます。

パーソナリティ・タイプの特徴はいろいろな面に表れています。

ここではまず、各タイプがどのような「色メガネ」で世の中を見ているのかに合わせて、その思考をもとに、どんなときに行動を起こすのかといった「行動の基準」を示します。

「タイプ」欄を埋めよう

A 緑（ソーサー）

B 赤（ブレイバー）

C 茶（ディレクター）

D 黄（ムーバー）

E 青（コンセプチャー）

F オレンジ（アコーダー）

著者のパーソナリティ・タイプ

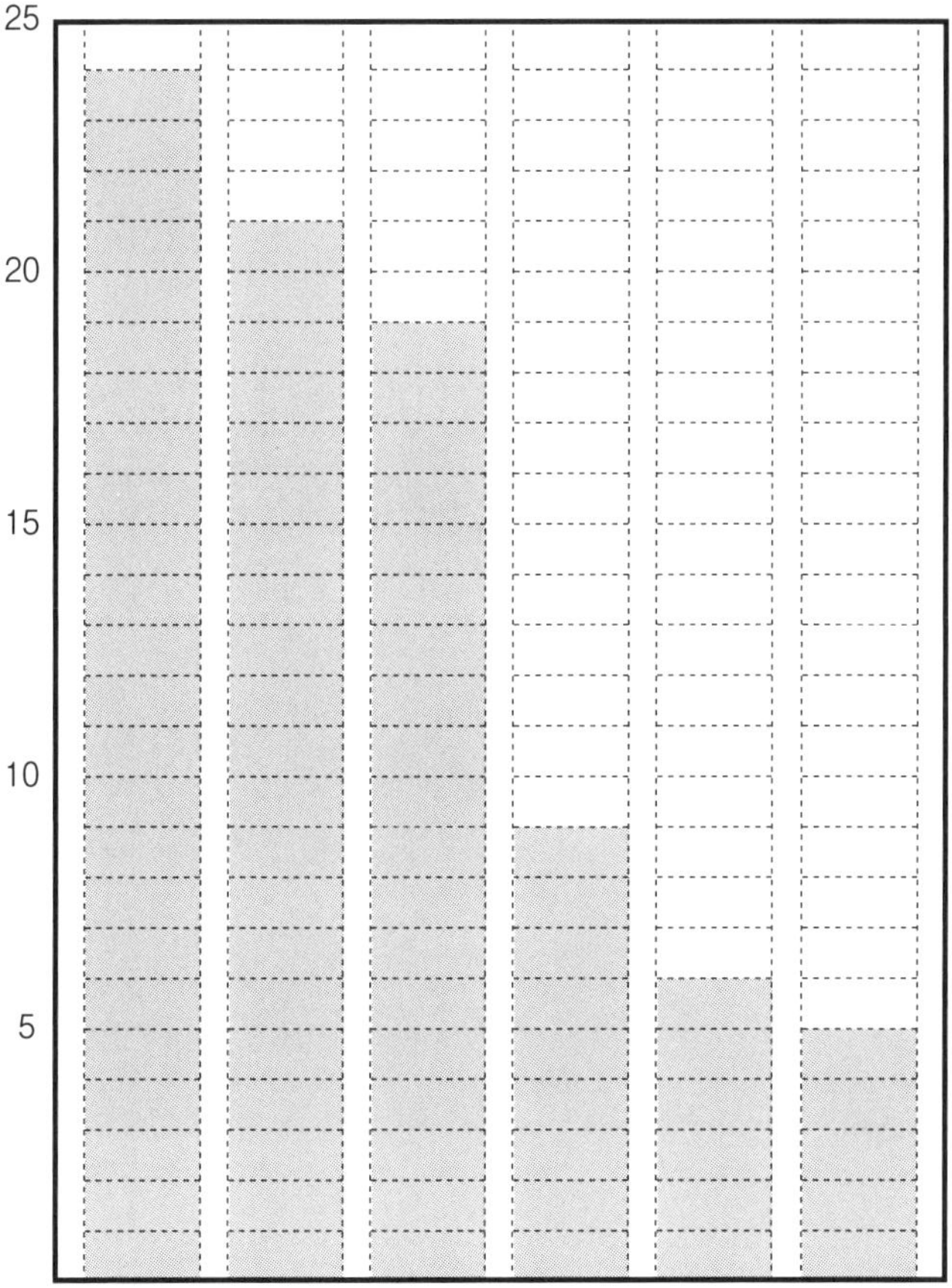

点数	E/24	B/21	D/19	C/9	F/6	A/5
タイプ	青	赤	黄	茶	オレンジ	緑

また、各タイプをイメージしたイラストと合わせて、わかりやすい特徴として「よく使う言葉」「声のトーン」「表情」「ジェスチャー」「姿勢」で分類します。**僕たちは普段から無意識のうちに、これらの特徴を表に出しています**。意識的に隠すことはできたとしても、長くは隠し切れません。ちょっと気を抜いた瞬間に、必ず表れます。

続けてこれらを背景に、より詳しく各タイプが持つ考え方や、職業などの適正、ちょっとネガティブな部分や誤解されがちな傾向などにも触れていきます。自分の思考や行動がどのような方向に向きやすいか、周りにどう見られやすいかなど、参考にしてみてください。

ここではわかりやすいように、各タイプの象徴的な特徴を挙げ、**あえて極端な表現や断定的な言い方で説明しています**。

自分がそのタイプだと思うと面白くない部分もあると思いますが、**ここに挙げ**

る特徴が、そのまま自分だというわけではありません。みんな6色を持っていて、その出やすさ、使いやすさが違うだけです。それを大前提に読んでみてください。

眉間に縦のしわ。目力が強い
力強く、威厳を感じさせる姿勢
話に熱が入ると、グッとこぶしを握ったり、手を振り上げたりする
保守的で欠点のない服装。質の良いものにこだわる
大きく、張りのある声

茶

ディレクター

思考の色メガネ

価値観・意見・信念

行動の基準

自分の価値観と照らし合わせて行動を決める

よく使う言葉

○○すべきである／○○する義務がある／○○しなければならない／○○してはいけない／尊敬／絶対に／情熱／熱心／尊重／意見／正義／信頼／信用／本物／価値がある／期待／伝統／啓蒙／権威／義理人情／献身／忠誠／大義／文化／道徳／貢献

○茶タイプ：自分の価値観や意見に従って行動

このタイプは、「価値観・意見・信念」の色メガネを通して世界を見ています。次に説明する青タイプ（コンセプチャー）も自分の考えを大事にしますが、青タイプが「事実」「データ」「情報」といった論理的・客観的な考え方を大事にするのに対して、茶タイプは自分が大事とする価値観や意見を主張します。

ぱっと見の特徴としては、目力が強く、眉間にグッとしわが入っている感じ。質の良い素材の服を好み、有名無名に関係なく、自分が信頼しているブランドを愛用します。また、格式の高い品などを身の回りに置くことを好みます。

断定的な言葉をよく使い、力のこもった言い方で自分の意見を発信します。

ルールや礼儀に厳しく、真面目でしっかりしている印象があります。

自分の価値観に沿ってすべてを正しく行おうとする模範的な人間で、責任感が強く、良心的で頼りになります。意見を述べる機会が多い仕事、管理能力やチェック能力を発揮する仕事、貢献度の高い仕事などが適しています。信念をもって世の中を変えようとする、指導者的存在に多く見られるタイプでもあります。

半面、融通《ゆうづう》が利かないところがあります。嫉妬《しっと》心や警戒心が強く、消極的になったり、疑い深かったりします。また、自分の信念に関わることには誇張《こちょう》的であり、それに対する反論はなかなか受け入れようとしません。

自分の信念や価値観を大切にするため、自分が納得いかない状態で行動に移すことを嫌います。他者から「早く動け」と行動を強制されると、さらに意固地になり、行動しなくなります。

こうした特徴から**「偉そう」「説教がましい」とも誤解されがち**です。茶タイプが強い人は、自分の意見や価値観がすべてではないことを意識しましょう。他者の意見を受け入れることができると、さらに人間的な厚みが増し、信頼を得ることができるでしょう。

表情の変化は少ない。思考する時に上方向に目が動く
スマートで無駄がない姿勢
きちんとした服装。TPOに合わせた格好
動きは少ない。説明する際に多少手を動かす程度
抑揚が少なく、機械的なトーンの声

青

コンセプチャー

思考の色メガネ

論理・思考・効率

行動の基準

論理的に納得できるかどうかで行動を決める

よく使う言葉

なぜ？／どうして？／比較検討／具体的に言うと？／どういう意味？／何が？／計画／いつ？／何を？／根拠／効率／数字／時間／成果／客観的に／○○と考えます／段取り／優先順位／分析／データ／情報／論理的／思考／エビデンス／現実／考えて

○青タイプ：論理的に物事を観察・分析

このタイプは、「論理・思考・効率」の色メガネを通して世界を見ています。

効率化、時間管理などを重視し、明確な答えや目的があるものを好みます。プロセスよりも成果を求め、当たり前のことを確実にこなすことを大事にします。

外見の特徴としては、**あまり感情を表に出さないクールな感じ**です。服装はきちっとしていて、高級品かどうかよりは、機能性を重視して選択する傾向があります。整理整頓された空間を好み、自分の成果を示す賞状などを飾ることもあります。

数字や時間、エビデンスを交えて、冷静に一定のトーンで淡々と話します。感情に任せて判断をすることはほとんどありません。**何事にもきちんと正確に対処しようとする印象**があります。

茶タイプと同様、自分が納得しないと行動しようとはせず、そこに至る前に行動を促されることを嫌います。茶タイプが信念や価値観で動くのに対して、青タイプは事実や数字で客観的判断をし、仮説をもとに行動を起こします。

知識欲が高く勤勉。きちんと自己管理をします。**物事を逆算思考で考え、行動する前に情勢を判断し、事態が悪化しそうなことを処理**します。

観察力と分析能力が高く、人が気づかない問題点を見つけることが得意です。計画立案とその実行を伴う仕事、効果・効率を要求される仕事、業績が明確な仕事などが適しているといわれています。

半面、自分に厳しく、他者にも厳しさを求めたり、批判的になったりするところがあります。また成果主義で、成果が出ないことを無駄と捉える傾向がありま す。情報収集に偏り過ぎ、行動に移すことが遅くなりがちな面もあります。

こうした特徴から**「冷たい」「遊び心がない」とも誤解されがち**です。青タイプの強い人は、客観的な事実だけではなく、他人の感情的な部分も考慮すると、結果的に仕事の効率化を図ることができるでしょう。

リラックスした感じで、やわらかな姿勢
柔和な表情。目じりのしわ
優しく手を添えるなど、ボディータッチが多い
やわらかい・かわいい・着心地の良い服装
優しくソフトな声

オレンジ

アコーダー

思考の色メガネ

調和・心情

行動の基準

自分より他人を優先して行動を決める

よく使う言葉

ありがとう／○○してあげよう／よくできたね／一緒に／癒される／落ち着く／嬉しい／優しい／幸せ／思い出／よかったね／かわいそうに／○○と感じる／雰囲気／ホッとする／かわいい／仲良く／良い匂い／愛情／気持ち良い／ゆったり

○オレンジタイプ：周囲への気遣いや共感が大切

このタイプは、「調和・心情」の色メガネを通して世界を見ています。自分から人と関わり、仲の良い友達とのランチなど、みんなで一緒に楽しむことや、相手を喜ばせたり、励ましたりすることを重視します。

合わせて、自分の気持ちを尊重されること、共感されること、存在を肯定されることも大事にします。また、ゆっくりお風呂に入るなど、ホッとする空間や時間を好みます。

いつも優しい感じで、目じりが下がった柔和な表情をしています。淡い色で調和を乱さないアナウンサーのような服装を好みます。相手を気遣う言葉、気持ちや情緒を表す言葉を多用し、ソフトなトーンで話します。周囲には、ふわっとやわらかな印象を与えます。

社交的でもてなし上手。周囲の人たちに調和をもたらします。周囲への気配りを忘れず、意見のぶつかり合いは好みません。サポート精神豊かで思いやりがあり、励ましたり勇気付けたりしながら、みんなで一緒に物事を進めていくことができます。人から喜ばれ感謝される仕事、人と接する仕事などが適しているといわれています。

ただし、自分のことよりも他人を優先して行動することがしばしばあります。相手に合わせ過ぎてしまい、優柔不断になることもあります。自分の意見や欲求は後回しで、頼まれると断ることができません。「こんなこと言ったら失礼かな」と先回りして心配して、疲れてしまいます。また、不安が大きくなると感情的になることがあります。

こうした特徴から**「八方美人」「ヒステリック」とも誤解されがち**です。オレンジタイプの強い人は、感情を我慢せず自分を優先して考えることを意識すると、安定した日常を過ごすことができるようになるでしょう。

自由で、活気を
感じさせる姿勢
おどけた感じ
の表情。ニコ
ニコしている
ジェスチャー
が多く、リアク
ションが大きい
原色が多く、
にぎやかな
服装
高めのトーンで、
はつらつとした声

黄

ムーバー

思考の色メガネ

自由・創造

行動の基準

自分の好き嫌いで行動を決める

よく使う言葉

好き／嫌い／ぱっと／ざーっと／マジ！？／ウケるー！／むかつくー／面白そう／すげー／いいねー／イェーイ！／嫌な感じー／面倒くせー／ワクワク／ワァー／きゃー／楽しい／楽しくない／飽きた！／オッケー

○黄タイプ：楽しむことが何よりのエネルギー

このタイプは、「自由・創造」の色メガネを通して世界を見ています。遊び心にあふれ、自分の好き・嫌いで人や物事に反応します。自由奔放《ほんぽう》、好奇心旺盛《おうせい》、エネルギッシュで楽しい人です。

服装は活動的でにぎやか。いつもニコニコとおどけた表情で、身体をよく動かします。「好き」「嫌い」といった感情表現や、「ぱっと」「ざーっと」といったオノマトペ（擬声語）を多用し、はつらつと話します。天真爛漫《らんまん》で、いつも自由に生きているような印象を与えます。

楽天的で、怒られてもあまり気にしません。ユーモアのセンスを持ち、グループの中ではムードメーカーの役割を果たしてくれます。熱狂的で楽しく、エネルギーに満ち溢れています。直感的で、創造性や色彩感覚にも富み、型にはまらない発想力を持っています。遊び心を持って楽しくやれる仕事や、クリエイティブな仕事に向いているといわれています。

エネルギッシュなので、率先して行動すると思われがちですが、周囲が盛り上がっているか、いないかなど、どちらかというと周りの状況を見て行動に移します。

好きな対象にはとことんポジティブですが、いったん「嫌い」となると理屈は通じません。すぐに「めんどくせー」となってしまいます。

同じことを淡々と続けるのが苦手で、すぐに新しいことをしたくなります。決断を迫られることをストレスに感じ、やらなければいけない物事に頑張って取り組もうとしますが、気分が乗らないときはやり切れないこともあります。

こうした特徴から**「お調子者」「不真面目」とも誤解されがち**です。黄タイプの強い人は、気分で反応するだけでなく、目の前のことに意識を集中して物事を進めると、他人から責められることも減り、より楽しい日々を過ごせるようになるでしょう。

あまり目を合わせない。スッとした姿勢
ほぼ無表情だが、穏やかな感じ
動きは少ない。他者からの呼びかけに答える程度
独特の世界観で、自分の着たい服を着る
抑揚が少なく、静かな声

緑

ソーサー

思考の色メガネ

内省・想像

行動の基準

自発的な行動は少なく、他人の働きかけで行動

よく使う言葉

どうすれば……／○○に似ている／そう言えば……／私のペース／（急がせないで）／（ひとりが楽しい）／（ちゃんと従おう）／（目立たないように）

※ほとんどの場合は口にせず思っている。

○緑タイプ：内面に豊かな世界を持つ芸術家タイプ

このタイプは、「内省・想像」の色メガネを通して世界を見ています。ひとりの時間・空間を好み、豊かな内面世界を持っています。見栄や目立つこと、無理強いは良くないと考え、常に控え目で目立たないようにしています。

あまり感情を表に出さず無表情ですが、穏やかな感じを与えます。身に着けるものはあまりこだわらず、自分の着たいものを選びます。静かな声で抑揚を付けずに話し、繊細で控え目。年齢よりも若く見られがちです。

自発的に行動したり、積極的に発言したりすることはほとんどありません。基本的に、他人から指示を受けることで行動します。仕事などではきちんとした指示がないと、どうすればいいのか自分で判断できず、フリーズしてしまいます。

ひとりの時間を大切にしますが、おざなりにされることが続くと、「自分は不要な人間だ」と感じ、普段以上に自分の内面世界に引きこもってしまいます。

こう説明すると付き合いづらいようですが、**明確な指示さえあれば、誰よりも正確に業務をこなし、期待に応えようと地道に努力を重ねます。**仕事の進捗《しんちょく》や過去の出来事を正確に覚え、明確に報告することができます。

再現性の高い仕事が得意で、単調な作業でも根気強く取り組むことができるため、研究家や学者に多いタイプです。また、芸術的要素を豊富に持ち合わせ、空想を広げられるので、小説や美術など、自分の内側を表現する仕事に多いタイプでもあります。

周囲に関心がないように見えますが、思いやりがあり、親切です。中立でいることをよしとして、周囲の空気を読み、バランス感覚に長けています。

こうした特徴から、**「内向的」「何を考えているかわからない」とも思われがち**です。緑タイプが強い人は、もっと感情や欲求を伝えることを意識していくと、周囲から理解され、手助けを得られやすくなるでしょう。

無表情に近いが、キリッと凛々《りり》しい感じ
自信に満ちて、堂々とした姿勢
派手な服装。人とは違う格好
足を組む。指・あごで指図
小気味良く、はっきりした声

赤

ブレイバー

思考の色メガネ

行動・挑戦

行動の基準

チャンス、刺激を得るために行動する

よく使う言葉

要点は？／結論は？／どうなった？／で、何？／やるしかない／もういいよ／やってみなくちゃわからない／〇〇して／挑戦／要領良く／即行で／いますぐ／いまがチャンス／勝負／最高／特別／燃える／興奮する

○赤タイプ：悩む暇があるならまず行動

このタイプは「行動・挑戦」の色メガネを通して世界を見ています。考えることよりも行動が先。計画的に取り組む青タイプに対して、「やってみなきゃわからない！」と即行動する、という点で特徴が分かれます。

表情はキリっと凛々しく、目を惹くような奇抜な格好や、明らかに人とは違った服装を好みます。自分は「特別」という概念のもと、颯爽《さっそう》と歩きます。発する言葉は端的で、あまり説明をしません。前置きなしで話の結論から入ります。自信に満ち溢れていて、人を引き付ける魅力があります。

チャレンジ精神旺盛で、新しいことや大きな課題も恐れず前向きに、すぐ取り組むことができます。自分が決めたことに関しては、モチベーションを高く持ち、非常に意欲的です。

臨機応変に新しい環境や人間関係に適応します。損得の嗅覚や交渉能力にも長

けています。勝負強く、スリルを感じる状況になるほど本領を発揮します。獲物に飛び付くスピードは誰よりも早く、「狙った獲物は逃さない！」とアクティブに活動します。起業家や実業家に多いタイプです。

半面、常に自分が優位に立とうとする傾向があり、ルールに従わない反抗的な言動やスタンドプレーが目立ちます。和を重んじる組織や上司から見れば、扱いにくい人物と捉えられがちです。

人に対しても物事に対しても「ダメだ」と思ったら見切りが早く、切り捨てることがあります。朝令暮改は当たり前で、気にしません。人の意見を聞かずに意地っ張り。単独行動で協調性に欠ける面を持ちます。

こうした特徴から**「薄情」「自己中心的」とも誤解されがち**です。赤タイプが強い人は、人より優位に立たなくても人間関係は構築できると意識することで、より影響力を高めることができるでしょう。

ディストレス状態とそのサイン

各タイプの特徴が最も強く出る

ここまで、各タイプの基本的な特徴を説明してきましたが、付け加えておきたい要素があります。それは、ストレス状態にあるときの特徴です。

人のストレスには2種類あります。

このうち「ユーストレス」と呼ばれるストレスはちょうど良い緊張感などの適度な刺激であり、問題ありません。やる気や集中力をアップさせてくれますし、健康にも役立つといわれています。

僕たちが「ストレス」と聞いてイメージするのは、もうひとつの「ディストレス」と呼ばれる状態です。

精神的・身体的なプレッシャーを受けて、イライラする、他者を責める、落ち込む、感情的になる、放棄する。

こうした「負」のメンタルを感じているときに、各タイプの特徴がいちばん強く出ます。

どのタイプも、ポジティブな状態であれば周囲に良い影響を与えますが、ディストレス状態に陥るほど、そのエネルギーはマイナスのほうへ発散されるようになります。

青タイプと茶タイプは相手への攻撃、オレンジタイプは自責、緑タイプは内側へ引きこもる方向性、黄タイプは他責、赤タイプは反抗です。それぞれ、この後、具体的に説明していきます。

自分らしく生活することや、自分のタイプが持つ長所を最大限に発揮するためには、ディストレス状態に陥らないことがとても大事です。また、詳しくは第3

章でお話ししますが、ディストレス状態では、相手に合わせたコミュニケーションができなくなります。

ディストレス状態の怖いところは、いったんディストレス状態に陥ってしまうと、自分がディストレス状態になっていることに気づけなくなることです。「いますストレスを感じているな。リラックスしないと」と考える余裕がなくなってしまう。例えば遅刻しそうなとき、イライラしたり周囲の状況が目に入らなかったり、忘れ物などのミスが多くなったりすることがあると思います。

そうした状態になってしまうと、他人がどうにかしてあげようと思っても、耳に入りません。そうしてどんどん深いディストレス状態になってしまいます。

そのため、早い段階での対応が重要になります。ディストレス状態に陥るときは、事前に必ずその「サイン」が出ます。サインの段階で自分がストレスを感じていることを把握して、なるべくストレスの原因から離れるようにしましょう。

ストレスを感じる原因やディストレス状態の特徴、ディストレスの前に表れるサインについても、各タイプで異なります。ここでも、あえて極端な表現にしていることを前提に読んでみてください。

○茶タイプのディストレス状態

ストレスを感じる要素

自分の意見を伝えてこない／信頼を裏切る行為／悪ふざけ／筋が通っていない言動／礼儀正しくない／義理人情に欠ける／人の話を真剣に聞かない／話をすり替えられる／プロセスをないがしろにされる／取り組んでいることへの否定／ルールを破られる／口だけで言葉に情熱がない／歯切れの悪い話し方／「報連相」がない／ちょっかいを出される（小ばかにされる）

ディストレス状態の特徴

- 相手の間違っているところにばかり目が行く。粗探しをする
- 不必要に疑い深くなる
- 相手の本気度を試す「本当にそれでお客様が納得すると思ってるの？」
- 嫌味な物言い「その程度のチェックで判断できるなんて、自信あるね」

・支配的になり、その場を仕切り出す
・自分の態度や意見を強く押し付ける「君のためを思って言っているんだ！」
・自分の信念に反する人を敵視する
・相手を見限る（誰も信用できない！）
・相手をいない人として扱う「君、誰？」

ディストレスのサイン

・眉間のしわが深くなる
・「ん？」という表情（人を疑う）
・身体にグッと力が入る
・声が大きくなる
・鼻で笑う（見下した感じ）

○青タイプのディストレス状態

ストレスを感じる要素

段取りを狂わされる／要領を得ない話／長話／時間にルーズ／整理整頓されていない空間／非効率／感情で接してこられる／目的のない行為／数字やエビデンスが曖昧／論理的でない／勝手に身の回りを片付けられる／成果につながらない行為／整合性のない話／質問に明確に答えてもらえない／計画性のない行為／だらしない／「報連相」がない／同じことを何度も聞かれる／不確かな情報伝達

ディストレス状態の特徴

- 必要以上に完璧であろうとする
- 「自分ならもっとうまく効率的にできる」と考える
- 仕事を人に任せられず、自分でやってしまう「もういいよ、俺がやる」
- 相手の思考力のなさにイラ立つ

・上から目線で攻撃「なんでこんなことがわからないんだ！」
・時間、金銭、責任の領域にうるさくなる「時間がない。誰が責任を取るんだ！」
・相手を拒絶する
（どいつもこいつもバカばっかりだ！）

ディストレスのサイン

・舌打ち
・指を机に「トントントントン」
・「ん？」という表情
（論理を疑う）
・普段より早口
・相手に話す間を与えない
ほどに過剰な弁明

○オレンジタイプのディストレス状態

ストレスを感じる要素

気遣いのない言動／前置きなく結論から話される／ひとりの人間として受容されない／強い口調で意見や考えを問いただされる／名前を間違えられる／無視や仲間外れ／大きい声で話される／冷たい態度をとられる／相手に喜んでもらえない／ゆっくりする時間が取れない／記念日を忘れられる／人との関わりを絶たれる／強く意見や考えがぶつかっている空間／ストレートに厳しい意見を言われる／共感を得られない

ディストレス状態の特徴

- 必要以上に相手を喜ばせようとする
- 遠慮する、断れない
- 物事を決断できなくなる

- 注意力が散漫になる
- 無意識に単純なミスや物忘れを連発する
- 自己批判、自嘲、自己不信
- 自己主張ができなくなる
- アルコールや辛いものなど刺激物に頼る
- 拒絶感を抱く
（誰からも愛されていない）

ディストレスのサイン

- 言葉が詰まって出なくなる
- 猫背になる
- 悲しい表情
- 煮え切らない態度
- 声がどんどん小さくなる

○黄タイプのディストレス状態

ストレスを感じる要素

楽しいことができない・させてもらえない／長い時間緊張状態に置かれる／大きな決断を迫られる／過度な干渉／自由が阻害される／論理的な質問をされる／自分の行動の意味を聞かれる／成果を求められる／細かなルールで行動を制限される／責任を押し付けられる／堅苦しい話や理屈っぽい話が長時間続く

ディストレス状態の特徴

・聞こえていても聞こえないふり「え？　わかんない」
・頑張ろうとするがやり切れない
・仕事などを途中で放り投げる
・問題行為、問題発言をして注意を引こうとする
・自分以外に責任転嫁する

・ネガティブに不平不満を言う
・「同意したくない」という理由だけで同意しなくなる
・非難・復讐心を抱く
（あいつのせいだ。いまに見てろよ）

ディストレスのサイン

・大きなため息
・オーバーアクション
・「えー」「もー」といった投げやりな対応
・つまらなそうな態度
・笑顔がなくなる

○緑タイプのディストレス状態

ストレスを感じる要素

ひとりの時間や空間を邪魔される／唐突に感情や感想を聞かれる／自発的な行動を促される／「テキパキ動け」と言われる／にぎやかな場所や空間／抽象的な指示をされる／放っておいてもらえない／大人数で一緒に事を行う／熱のこもった議論の場／誰かの仲介役などを頼まれる

ディストレス状態の特徴

- 何も言葉を発しない
- 人形の様な無表情
- 感情を感じなくなる
- 目を一切合わせない
- 物理的に人との距離を置く（仕事中トイレにこもって出てこない、など）

・何かを始めても終わらない
・メール、電話への対応をしない（自分は存在しないものとして扱ってほしい）
・ひとり取り残される
（私は不要な存在だ……）

ディストレスのサイン

・口数が極端に少なくなる
・反応が鈍くなる
・話しかけられてもすぐに返事をしない
・硬直する
・周囲と交流を断とうとする

○赤タイプのディストレス状態

ストレスを感じる要素

行動を抑制される／すぐに決断しない人／すぐに行動しない人／刺激と興奮を取り上げられる／勝負事に負ける／みんなと同じ扱いをされる／みんなと同じことをさせられる／親密な関わりを求められる／単調な作業／決まりを守らされる／自分より下だと思っている人からの命令／段取りや裏付けを聞かれる／考えを聞かれる／チャレンジできない環境／前置きが長い話／人にコントロールされる

ディストレス状態の特徴

- 他者に強さを求めるようになる
- 必要なサポートをしなくなる「自分でやれ」
- 人を無視する
- 決まりを破る

・自分に都合良く話をすり替える
・裏工作をして、仲間を裏切ったり組織を混乱させたりする
・自分の言い分を強引に通し、意見を聞かない
・相手を見捨てる（負け犬に用はない）

ディストレスのサイン

・聞こえないふり（無視）
・普段以上のスタンドプレー
・鼻で笑う（バカにした感じ）
・反抗的で喧嘩《けんか》腰になる
・普段以上に言葉がぶつ切りになる

パーソナリティ・タイプが教えてくれる本当の自分

「自分を隠さなくてもいいんだ」

各タイプの説明を読んで、どう感じたでしょうか。「完全に当てはまってる」と感じる人もいれば「私はこんな性格じゃない」という人もいると思います。繰り返しになりますが、みんな6タイプすべての要素を持っています。ここで説明したそれぞれの特徴は極端に表現したものであり、そのまま自分の性格を表しているわけではないと考えてください。

そうした前提に立って見てみると、パーソナリティ・タイプはいろいろな角度から自分のことを教えてくれます。僕たちが開催する「認識交流学」のセミナーでも、さまざまな感想を聞くことがあります。

ある女性は、学生時代に同級生たちと接していて、いつも違和感ばかりだったそうです。

みんな仲良く楽しそうにグループをつくっているけれど、自分はそれができない。とにかくひとりで動きたい。みんなの意見を取りまとめることが、馴れ合いに見えて受け入れられない。周囲と調和を図れないことに、人として欠陥があるのではないかと感じていたそうです。

診断してみると、ベースが赤タイプ。行動主体で周囲に合わせるよりもスタンドプレーが楽という要素が強く、さらにオレンジタイプが6列目でした。「みんなで仲良く」が苦手なはずです。

彼女はこの結果を知ったことで、20年以上もモヤモヤしていたものがスッキリと腑に落ちたそうです。「**自分がこうある理由がわかったことで、すごく楽になった**」と話していました。

30代後半の男性は、自分が論理的な考え方で、効率や理屈を大切にする思考であることを、はっきりと自覚していました。でも、診断を受けるまで自分に矛盾を感じていたそうです。

自分は物事を効率的に考えるタイプだ。仕事では確実に結果を出したいし、そのためだったら、周囲に合わせる必要もないと考えている。

でも、いつも他人にどう思われているのか気になるし、うまくいっていない人がいると助けなければと思う。そうすると、結局自分が自分を効率的だと思っているのは思い込みなんじゃないか、自分にはどこにも長所がないんじゃないか。

診断の結果、予想通り青タイプがとても強かったけれど、2列目がオレンジタイプでした。「青は冷たく思われるところがあるけれど、人に接するときはオレンジが出ている。だから温和な印象があるんですね」と伝えると、自分の矛盾に納得できたそうです。

20代の女性は、職場で上司から「君は論理的に物事を考えられるね」と褒められていたそうです。だから、仕事をするうえではなるべく論理的に考えるようにしていました。上司と話すときには根拠を用意して、アドバイス通り、スケジュールも大事にしていたそうです。

でも診断を受けてみると、ベースは黄タイプで2列目がオレンジタイプ、青タイプは3列目でした。

それを見て、彼女は「**自分を再発見できた**」と言いました。

確かに楽しいことが大好きで、仲の良い友達同士で話すときは論理的な話し方なんて意識しない。でも職場や付き合いの浅い人の前でそうした自分を出すのは、ダメなことだと思っていました。自分のパーソナリティ・タイプを知ることで「自分を隠さなくていいんだ」と救われた気持ちになったそうです。

苦手な部分を伸ばそうとしなくていい

中には、自分のパーソナリティ・タイプを否定してしまう人もいます。

40代後半の事業主の男性は、普段からビジネス書をたくさん読んでいるのに、思うような結果を出せないと悩んでいました。本に書かれていることは理解できるけれど、まったく心に響かず、思うように形にできない。もしかしたら自分はダメなんじゃないか、と考えていたそうです。

本の種類を聞くと、効率化や段取り、理念や指針といった、青・茶タイプの要素が強いものがほとんどでした。

診断結果は、ベースが黄タイプ。茶タイプが5列目で青タイプが6列目でした。自分はビジネス向きの青・茶タイプだと納得がいかない様子で、初めは眉間にしわを寄せてセミナーを受けていました。

でも話を聞いていくと、「確かに自分が黄タイプだと思い当たるところはある」と言います。普段から奥さんや子供に「子供っぽいお父さんはイヤ」と、黄タイプの特徴を否定されていた。だから、無意識に自分を否定して、自分が理想とする父親像に近づこうとしていたんです。

自分の特徴を他者から否定されることで、「自分はダメなんだ」と思ってしまうことがあります。特に黄タイプは、楽しくしていることが他人の目に「不真面目」と映ってしまう場面が多い。

彼は黄タイプを自覚することで、肩の力が抜けていきました。人懐っこい笑顔が出るようになり、セミナーの後半では大口を開けて笑うほどに楽しんでくれていました。

みんな普段から、自分の内側に矛盾を感じていたり、コンプレックスを持っていたりします。ひどい場合は自己嫌悪している人もいるかもしれません。でも、**そのままでいい**んです。各タイプにはそれぞれ長所があって、その組み合わせが自分なのだとわかる。自分のパーソナリティ・タイプを知ることで、本来の輝きを取り戻す人はたくさんいます。セミナーが終わると、**「この色の組み合わせ、最強じゃないですか」**ってみんな自慢するんです。

「個性」ってどういうこと？

ここ10数年、「個性が大事」「相手の個性を受け入れよう」といった言葉を聞くことが増えました。とても素晴らしいことだと思いますが、僕は小さな違和感を覚えます。

確かに概念は素晴らしいけど、「じゃあ、どうやって？」という具体的な部分が欠けたまま、言葉だけが一人歩きしているように感じます。

例えば、学校の先生が「個性が大事」と言います。茶タイプの先生が黄タイプの生徒を見て「これは個性だ」と感じたとします。でも、黄タイプの特徴を知らなければ、その特性にどう接していいかよくわからない部分があるはずです。そうして、自分が理解できない部分を否定してしまうことになりかねません。

人の考えすべてを理解することはできませんが、「この子はなぜそんな態度をとっているのか？」という思考の背景を、理論的に理解しておくことはとても重要だと思います。

どのタイプが個性的だという話ではありません。**個性を大事にと言うのであれば、人それぞれに違う色メガネをかけていることを、しっかりと理解しておかなければいけないい**んです。

パーソナリティ・タイプがイコール個性と言いたいわけではありません。何度も言いますが、**パーソナリティ・タイプによって、その人の性格や特性を決めつけるのは危険**です。

例えば、この人は青タイプだから、クリエイティブな仕事は向かないと思い込む。2列目、3列目にある黄タイプを使ってクリエイティブな仕事もできるのに、本人の可能性を否定しまうことになります。

人の思考や性格は複雑で、決めつけられるものではありません。でも、パーソナリティ・タイプを知れば、科学的な枠組みで、自分の思考に名前を付けることができます。大枠として、いったん自分を定義することができる。

すると、**自分が嫌だと思っていたこと、弱点だと思っていたことでも、受け入れることができるようになります**。そこまでいけば、6タイプで定義できない自分の特徴であっても、肯定できるのではないでしょうか。その総体を「個性」と呼ぶのだと思います。

第2章

「コミュニケーション能力」の誤解

「コミュニケーションスキル」は抽象的で雑多

どんなことに気をつけていますか？

この本を読んでくれているということは、みなさん、少なくとも「コミュニケーションは大事」と感じているのではないでしょうか。

では、普段コミュニケーションをするうえで、どんなことに気をつけていますか？

「相手の立場に立って話す」「感じの良いあいさつをする」「適切な距離感を保つ」「自己開示をする」「嫌な思いをさせないように話す」……たくさんありますよね。

あるいは「コミュニケーション能力の高い人」ってどんな人でしょう。いつも温和で人を楽しませて、明るくハキハキと話すといったイメージでしょうか。「質問能力が高い」「話の引き出しが多い」「人の懐に入るのが上手」といったのもありますね。

そのすべて、間違ってはいないと思います。でも「相手の立場に立つ」ってどうすればいいでしょう。「適切な距離感」ってどれくらいでしょう。どんな話をすれば相手が楽しんでくれるかはわかりません。どんな人を好ましく思うかも、人それぞれです。

どうでしょうか。改めて考えてみると、**「コミュニケーションスキル」って抽象的で、雑多な感じがしませんか？**

本書に限らず、コミュニケーションや話し方をテーマにした本はたくさんあります。僕もたくさん読みますし、それらを否定するつもりはありません。でも、僕は正直、**「覚えること多過ぎじゃね？」**って思います。

本を読んで、**なんとなくわかったつもりになるけれど、やってみようとすると相手によってはまったくうまくいかない。**だからコミュニケーションの問題は厄介なんです。

世の中のノウハウには大前提が抜けている

では、なぜ世の中のコミュニケーションスキルの多くが、抽象的で雑多になってしまうのか。

僕は大前提が抜けていると思います。人それぞれに思考タイプが違い、「認識のズレ」が起きているということです。ある人にとってコミュ力の高い人が、ほかの人にとってもそうだとは限らない。ここからスタートです。

「認識のズレ」を無視したまま相手の立場になって考えても、それは自分の色メガネを通して相手の立場になっているだけです。「感じの良いあいさつ」も、自分の基準を人に当てはめているだけ。それでは意味がないですね。

人に不快感を与えないことが正しいと言われているけれど、何を不快に感じるかを知らないから、結局はいろいろなノウハウの共通点でしか考えられないわけです。そうして、どうしても抽象的な話が多くなるのだと思います。

そしてもうひとつ。

ノウハウが雑多になってしまうのは、**コミュニケーションという行為の守備範囲が広過ぎる**からです。

仕事の場面でも、相手はさまざまです。先輩、上司、経営者と話をすることもあるでしょう。同僚、部下、取引先の人やお客様、初めて会う人もいます。シチュエーションも、雑談、仕事の指示、会議、商談などバラバラです。

プライベートでも、友人、恋人、家族、親戚。気軽におしゃべりすることがあれば、深刻な話題を出さなければいけないことも、普段は恥ずかしくて言えない本心を伝えなければいけないこともあります。

これらそれぞれに、違ったかたちのコミュニケーションが必要です。そのすべてを網羅しようと思ったら、本1冊では無理でしょう。

限られたやり方を覚えてしまえばいい

僕たちがコミュニケーションする場面はたくさんあり、そこでの会話の内容も複雑。相手はバラバラで、それぞれに思考タイプも違う。そう考えていくと、上手にコミュニケーションを取るということは、本当に難しいように思えてきます。

経営コンサルタントで、ベストセラー作家でもある神田昌典さん。彼の『神田昌典の英語の近道』(フォレスト出版)という著書に、こんな言葉があります。

「ビジネスについて英語で話すトピックは思いのほか限られている。(中略)だから、われわれが興味をもっているビジネス分野に絞り込み、英語の六〇分CDを三枚も暗唱する。すると、かなり短期間で、ビジネス英語を自由に話せるようになる」

僕はこれを読んだとき、「はっ」としたんですね。

「なんだ、コミュニケーションも同じじゃないか」

コミュニケーションも、あれこれ覚えて完璧にできる必要なんてありません。

少し機械的かもしれないけれど、型を覚えてしまえば、そのほうが楽ちんです。


本書のノウハウは、相手が上司でも、同僚でも、部下でも恋人でも、基本的な考え方は同じです。6タイプに合わせた、限られたパターンを覚えてしまえばいい。それだけで必然的にコミュニケーションは上手になります。そうしたコミュニケーションの方法を、第3章で具体的にお伝えしていきます。

でもその前に、明確にしておかなければいけないことがあります。それは**「何のためにコミュニケーションを取るのか」**です。本章では、そのことを考えていきましょう。

何のためにコミュニケーションを取るのか

これって上手にコミュニケーションを取れている？

いきなりですが、こんな事例を考えてみてください。

上司「この資料の４ページ目、数字がズレてるから直しておいて」
部下「承知しました。４ページ目ですね。このグラフですか？」
上司「そう、そこが間違ってる」
部下「いつまでに直せばいいですか？」
上司「そうだな。明日の正午までに頼むよ」

では、次の例です。

上司「おっ！　今日も調子いいね！　ちょっとこの資料の4ページ目、なんか雰囲気違うんだよな。直しておいてくんないかな」
部下「わかりました！　ちゃちゃっとやっておきます！」
上司「おう！　悪いね！」
部下「任せといてください！　頑張ります！」

僕たちが開催する「認識交流学」のセミナーでは、講師陣がこうした事例を演じて、それぞれのケースについて受講者の方に「コミュニケーションが取れていると思うか」を聞いています。読者のみなさんは、どのように感じるでしょうか。

情報共有のため？　空気づくりのため？

ある回のセミナーで、「コミュニケーションって本当に広い範囲のことを考えなきゃいけないんだな」と実感することがありました。

先のような演習をして、参加者の方に「1例目でコミュニケーションを取れていると思う人は手を挙げてください」と聞くと、半分の方しか手を挙げませんでした。

僕は自分でプログラムをつくっておきながら、この反応に驚きました。

ここまで読んでいただければ想像できると思いますが、1例目は上司・部下ともに青タイプを想定しています。「どこを、どう、いつまでに直せばいいか」という意思疎通《そつう》がはっきりできている。

比較して、2例目はその辺りが曖昧です。どこがどう修正されるかわからないし、いつ修正されてくるのかもはっきりしません。

部下は「頑張ります！」とは言っていますが、そもそも上司にとっての「頑張る」と、部下にとっての「頑張る」の認識がズレていれば、その言葉自体が意味のないものです。

上司は部下が「頑張る」って言っているんだから、当日中、遅くても明日には上がってくると思っていたとします。対して部下は、明後日頑張ろうと思っていたら……。考えるだけでゾッとします。

なので、みんな1例目では、「コミュニケーションが取れている」と、手を挙げるだろうと思っていたんですね。でも、結果は意見が真っ二つ。

そこで、手を挙げない人に「なぜコミュニケーションが取れていないと思いますか？」と聞いたら、**「ねぎらいの言葉がない」「クッション言葉がなくて冷たい感じがする」**と返ってきました。

なるほど、そういう考え方もあるんだなと納得しました。僕は「コミュニケーション」と聞けば、伝えるべきことをしっかり伝える、聞かなければいけないことをしっかり聞くものだと思っていました。これは僕が青タイプが強いことも影響していると思います。

でも、「コミュニケーションとはお互いを気遣うこと」、と考える人から見れば、1例目のほうに息苦しさを感じるわけです。2例目の会話を見ていると、なんだか楽しそうです。

こう考えると、どちらが正しいコミュニケーションで、どちらが間違っているかわかりませんよね。質問しておいてなんですが、こんなの、いくらでもパターンはつくれます。正解はありません。

まずは自分の目的をはっきりさせる

この話で何が言いたいかというと、どんな優れたコミュニケーションスキルを学んだとしても、「何のためにコミュニケーションを取るのか」をはっきりさせ

ておかないと、結局あやふやになってしまうということです。

僕たちは、何かしらの目的があってコミュニケーションを取ります。それは状況や相手によりさまざまです。

商談であれば、相手がどんなニーズを持っていて、購入に対してどんなハードルがあるかを知ること、自社の商品の魅力を正しく伝えることが必要です。社内の人間関係であれば、齟齬《そご》のないように指示を伝え、それを正しく受け取ることや、お互いの意見を共有して新しい発想を生み出すことなどが必要です。そのために、普段から「風通しの良い雰囲気をつくること」も大事です。

この本を読んでいるみなさんは、何のためのコミュニケーションを必要としているでしょうか。

それぞれのシチュエーションや相手に合わせた目的がある。それがわかっていないと、無駄なことにエネルギーを注いでしまったり、うまくいかなくて悩んだりしてしまいます。

例えば、効率の良い情報交換を目的にするのであれば、空気づくりは二の次です。それを「会社の空気づくりが大事だから」と気を遣って雑談をしようとして、うまくいかない。それは無駄なことです。悩むことはありませんし、そのためのスキルを頑張って覚える必要もありません。

ただし、相手がその前段階での空気づくりを大事にするタイプだったら、目的のためにはこちらから空気づくりをする必要があるわけです。

「いまから始める会話は情報交換が目的ですよ」「あなたは空気づくりが大事なタイプですか？」と確認してからコミュニケーションを取ることができればいいわけですが、そんなの無理ですね。

だからこそ、まずは自分の目的をはっきりさせる。その目的を果たすために、どのように相手に合わせていけばいいのかを考える必要があるんです。

自分を楽にするツールを手に入れよう

相手を好きになる必要はない

第3章では、いよいよ、お互いの「認識のズレ」を埋めて、円滑なコミュニケーションを取るためのノウハウをお伝えします。

お互いにその方法を知っていればいいわけですが、相手に期待しなくても大丈夫です。**相手を変えようとするよりも、相手に合わせてしまったほうが楽ちん**です。

嫌いな人や苦手な人を相手にする場合、「なんでこっちが合わせなければいけないんだ」と感じる人もいるかもしれません。普段からストレスを与えられているのに、なぜこっちから歩み寄らないといけないんだ、ということですね。

誰にでも苦手な人や嫌いな人はいるのではないでしょうか。パーソナリティ・タイプを知ったからといって、それは変わりません。僕はそれでいいと思います。円滑なコミュニケーションが必要だからといって、必ずしも相手を好きにならなくてもいい。「こいつ、ムカつくな」と思っていればいいんです。

これまで、コミュニケーションの場面では「認識のズレ」が邪魔をすることがたくさんありました。僕たちはそれを「あいつとは合わないから」と思い込んでいました。

それがパーソナリティ・タイプを知ることで、相手がなんでそんな対応をしてくるのかを理屈としてわかるようになります。「いつも冷たい感じがして嫌だ」「嫌味っぽい言い方が本当にムカつく」。これまでそう感じていたのが「この人ド青だな」「あ、茶が出てんな」って思えてきます。

それさえわかれば、ちょっと相手に合わせてあげるだけで、これまでうまくいっていなかった人ともスムーズにコミュニケーションできるようになります。

これって、パーソナリティ・タイプを知らないとなかなかできることじゃありません。一度嫌いと感じた相手と普通に話せるようになるなんて、よほど腹を割って話す機会がない限り難しいと思います。**パーソナリティ・タイプを知ることで、人間関係の再構築ができる**んです。

人にとって最大のストレスを緩和する

パーソナリティ・タイプを基準にコミュニケーションができるようになると、**嫌いな「人」と嫌いな「要素」を分けて考えることができるようになります**。「こいつのこと嫌いだけど、色のせいなんだな」「それがこいつのすべてじゃないんだな」と思えるようになる。

相手が茶タイプでも青タイプでも赤タイプでも関係ありません。**腹が立つのは、自分とタイプが違うから**。そのことで落ち込んだり怒ったりする必要はなくて、もちろん自分が否定されるものでもない。これだけでずいぶん楽になります。

人はいろいろなことでストレスを感じます。例えば仕事で思うような成果を出せない、体調が悪い、熱い・寒いというのもストレスです。でも、ストレスはこうしたわかりやすいものばかりではありません。むしろ見えない要素のほうが大きい。

人にとって最大のストレスは、人間関係だと思います。

僕たちは、やっぱりひとりでは生きられません。誰かの力や存在そのものが必要なこともあります。気の合う人ばかりでいられればいいけれど、それもできません。

だからどうしても人間関係が必要で、相手が人だからこそ、自分が思うようにはなりません。そうしてストレスを抱えてしまうことはたくさんあります。

人にイライラする気持ちや、何か嫌なことをされて落ち込む気持ちは、すごく強い力で自分の足を引っ張ります。自分のやるべきことに集中したいのに、それとは関係のないことに気を取られてうまくいかない。すごくもったいないし、辛いことですよね。

最小限のことだけやればいい

僕はこんな本を書いておいてなんですが、普段は人との接触を最小限にしています。**同時に関わることのできる人数には限度がありますし、そのすべての人に気を遣うこともできません。**相手が怒っていたり悲しんでいたりすることも、全部受け止めることなんてできません。癒してあげることもできない。だったら、自分のキャパを超えた対応をするのは、相手にとっても良くないと思います。それに、自分が無理して疲れちゃいます。

「人対人」の場面において、どちらが正しいかには、はっきりとした答えがありません。だから悩みます。

「傷つけちゃったかな」「怒らせないようにしないと」「なんであんな言い方をするんだろう」「なんで伝わらないんだろう」「嫌われてるのかな」「明日もあの人に会わないといけない」「上司は怒ってばっかり」……。キリがありません。

そして、みんなそのストレスを取り除く方法を知らない。だからどんどん大きくなってしまいます。気がつけば、その重さに耐えられなくなることもあり得ます。

自分勝手にも聞こえるかもしれませんが、相手のためではなく、自分が嫌な思いをしないためのコミュニケーションができればいいんです。

第3章で改めてお話ししますが、パーソナリティ・タイプをもとにしたコミュニケーションの大前提は、相手を不快にさせないことです。それでお互いに楽になる。それなら、覚えちゃったほうがいいですよね。

この方法を知れば、人と関わることすべてが楽になります。仕事でもプライベートでも、恋愛でも、教育でも。嫌いな相手、苦手な人とも関係性を築くことができるようになります。もう、本当にすごいんですよ。知りたくないですか？

第3章

面倒な人付き合いからの解放

相手のパーソナリティ・タイプの見分け方

オーソドックスな判断方法

本章では、パーソナリティ・タイプを基準に、より円滑なコミュニケーションをする方法について具体的にお話しします。

簡単に言うと、相手のタイプに合わせて対応を変えるということです。

そのためには、まずは相手のタイプがわからないといけないわけですが、わかりませんね。この本のことを教えて「ちょっとこれ買って読んでみて」というわけにもいきません。

結論から言うと、パーソナリティ・タイプ診断を受けてもらわない限り、相手がどんなタイプなのかは正確にはわかりません。

でも、**どんなタイプが強いかは、ある程度見当を付けることができます**。それに、その予想が必ずしも合っている必要はありません。そのことは、また後でお話しします。

オーソドックスな判断方法は、相手の言動や態度を観察することです。第1章でお話ししたように、**各タイプの特徴は姿勢や口癖、声のトーンなど、いろいろな面に表れます**。

みなさん、ここまで読んだだけでも、周りの人を思い出して「あいつ絶対青だな」「あの人はもしかしたら緑なのかも」って想像しているのではないでしょうか。

・クールな感じで、数字に強くスマートな動き
・昼休憩はひとりでひっそりと、読書をして過ごす
・やわらかい表情で、優しく接してくれる

こんな人、いませんか？　これは何タイプの特徴でしょうか。

めちゃくちゃわかりやすい見極め方

そして、ディストレス状態から相手のタイプを察することもできます。これはめちゃくちゃわかりやすいです。

これも第1章でお話ししたように、ディストレス状態ではパーソナリティ・タイプの特徴がとても強く表れます。早口で多弁に説明してくるなら青タイプ、「めんどくせー」と投げやりになっているなら黄タイプ、何も話さなくなっているなら緑タイプです。

ただ、基本的にディストレス状態に陥っている人には、近づかないのがいちばんです。すべての物事を湾曲して捉えてしまっている状態で、どれだけタイプに合わせた接し方をしても、スムーズなコミュニケーションは期待できません。下手に接すると、攻撃されたり責任をなすり付けられたり、どんどん深みにはまってしまいます。

それに、この方法で相手のタイプを見極めるためには、相手がディストレス状態になっていないといけないわけです。そうでない場合、自分で相手にストレスを与えても良いことはありません。

なので、**ディストレス状態になる手前の、「サイン」の状態で判断する**ようにしましょう。

・眉間のしわが深くなる
・「えーと」と言葉に詰まる
・聞こえないふり

これらもわかりやすいですよね。

よくある例でノウハウを知ろう

次ページからは、タイプ別に具体的な接し方を説明していきます。なるべく実用的にするために、まずそれぞれのタイプを相手にしたときの、「よくあるこじれ方」とその解決方法を解説します。続けて、そのタイプはどういうことにストレスを感じるのかの背景とフォローの方法。そのほか、気をつけておきたいことを説明します。

また、コミュニケーションが難しい場面として、何かをお願いするときが多いと思います。その場合の簡単なやり方もお伝えします。

詳しくは後ほどお話ししますが、基本的に相手を不快にさせない方法を覚えれば十分です。さらにもうひと押しの意味で、各タイプに「響く言葉」を最後に並べています。

「はじめに」でもお伝えしましたが、タイプに合わせたコミュニケーションのためには、**「声のトーン」がとても大事**です。

例えば優しく「ありがとう」と言えば、心のこもった感謝が伝わります。声を大きく強い口調で言えば、熱っぽく伝わりますし、もごもごと、口ごもった感じで言えば、本心ではないいんじゃないかと思われてしまいます。

こうした細かなニュアンスを伝えるために、音声データも用意しています。巻末に掲載したURL・QRコードからダウンロードできるので、合わせて参考にしてください。

ここでも第1章の各タイプの説明と同じように、**あえてよくある例をもとに、断定的な表現にしています**。「こんなことを言ってくる人には、こう対応しよう」くらいの感覚で捉えてください。

○茶タイプへの接し方

よくあるこじらせ方

部下「部長。これ、できました！」
茶上司「ん……？（眉間にしわ）」
部下「この前頼まれていたプレゼンの資料ですよ！」
茶上司「もっと早くできると思ったけど、ずいぶん時間がかかったな」
部下「え……？」
茶上司「このプレゼンは、君から見てお客様にどんな意味を持つと思う？」
部下「あ、意味っすか……、いや……。多分いい感じで喜んでもらえると思うんですよね」
茶上司「いい感じ？　お客様に対する君の思いはないのか？　それでお客様は納得できると思っているのか？」

部下「いや、お客様の要望もまとめてありますから、多分大丈夫だと思うんですけど……」

茶上司「そんな話じゃないんだ。お客様のためにどういう思いで今回の資料を作ったのか、君の意見を聞いているんだ！　大体君はいつも礼儀がなっていないし、仕事も表面的にこなそうとしているんじゃないのか？」（ネチネチ説教続く）

こうすればよかった

茶タイプ相手には、**しっかりと自分の意見を伝えなければいけません**。強めの口調に怯《ひる》んでしまうと、自分の意見がないと捉えられてしまいます。

この例では、上司の質問に対して部下が曖昧に答えてしまっているので、上司はどんどんフラストレーションが溜まり、物言いも嫌味っぽくなっています。こうなると粗探しが始まり、さらにネチネチと説教が続きます。

「必ずお客様のビジネスに貢献できるはずです！」といったように、自分の意見をはっきり伝えましょう。茶タイプにとって大事なのは、**正確であるかどうかより、情熱や意思、信念があるかどうか**です。そこをアピールできれば、「よし、それでいこう」ということになりやすいはずです。

また、礼儀を重んじる茶タイプにとって、**なれなれしく話しかけられるのもNG**です。この例では部下の最初の接し方が軽い印象を与えるので、いきなりディストレスのサインが出てしまっていますね。

「部長。お忙しいところに申し訳ありません。先日ご指示いただいた○○様の資料を作成しました。ご意見いただけますか？」というように礼儀正しく入ると、「どれどれ？」と聞いてくれます。

ストレスを感じる背景

茶タイプは自分の意見や価値観という色メガネを通して世の中を眺め、**その姿勢や信念を他者からも評価されたいと思っています。**それらが揺らぐとき、大きなストレスを感じることになります。

・いままで成果が出ていたやり方が通用しなくなる
・自分が正しいと思っている通りに物事が進まなくなる
・自分の取り組みや姿勢に対して否定的な評価を受ける

このようなことが続くと、自分が支えとしている価値観や信念を否定されたと感じ、意固地になってしまいます。意固地になればなるほど、自分の信念に固執し、他人の提案や新しい発想を取り入れることが難しくなります。

プロセスを評価してあげる

茶タイプは、これまで自分が努力してきたプロセスを大事にします。そのため、すでに結果が出づらくなっているやり方であったとしても、「結果が出ないのは、頑張りが足らないからだ」「もっと情熱を伝えることができれば、相手もわかってくれるはず」と固執しがちです。

そんなときに、「そのやり方はもう通用しないから、新しいことにチャレンジしないとダメだろ」と性急な物言いをすると、どんどん溝が深まってしまいます。

茶タイプがいままでのやり方で成果を出せなくなっているときや、これまでのルールが変わったことを受け入れられていない場合などは、いったんその人の価値観やいままでのプロセスを正しく評価しましょう。

多くの場合、本人も現状を変える必要があると感じながらも、変化に柔軟に対応し切れていないことにフラストレーションを感じています。**現状に対してどのような思いを持っているのかを一度吐き出させ、どう変えればいいかを本人の口から言わせる**ようにしましょう。

真正面からぶつかる

相手が後輩や同僚、友人であっても、茶タイプには真剣に接することを心がけてください。正面に向き合って接するイメージです。

このとき、**自分の意見をぶつけて論破してはいけません**。

相手が目下であれば、その瞬間は受け入れたフリをするかもしれませんが、納得しなければ動かず、余計意固地になります。下手をしたら、対立の構図をつくり上げてしまうこともあります。

「君の言っていることは○○ということだね」というように、あくまで本人の考えを尊重したうえで、自分の意見を伝えるようにしましょう。

茶タイプはお互いの意見を交わし合うことで相手を理解し、そこに信頼を抱くようになります。

茶タイプの相手の価値観と自分の考えが異なるのに、「君の言うことは本当にその通りだね」とその場しのぎで調子を合わせてしまうのは危険です。その後で意見が対立したとき「あのとき、その通りだと言いましたよね」と責められてしまいます。

すると「言っていることと、やっていることが違う」「あいつは信用できない」と、間違った確信を固めてしまいます。

予定調和を好む

茶タイプは自分の行動や組織の在り方に一貫性を持たせようとするために、臨機応変な対応は得意ではありません。予定調和を好み、「前例がない」「組織の統率が乱れる」というような言葉をよく使います。**会議でいままでと異なる提案をするときなどは、事前に根回しをしておくといい**でしょう。

冗談は通じにくい

茶タイプ相手の冗談は、なるべく避けるようにしましょう。冗談が嫌いというわけではありませんが、冗談が通じにくい傾向があります。

特に、小ばかにされるようなことを極端に嫌います。**茶タイプ相手に話が盛り上がっても、からかったり、無茶ぶりしたりするのは避けましょう。**茶タイプはなれなれしくされるのも嫌いです。親密な関係性ができていない状態でのボディータッチなどもNGです。

お願いするとき

茶タイプに対して、何かを依頼したいときは、**「ご意見を聞かせていただけますか？」「この仕事、ちょっと力を貸してほしいんだけど、いいかな？」**といったように、お願いする言い方にしましょう。自分軸で行動を決めたい茶タイプに、「○○して」「○○してください」と接すると、不快感を与えてしまいます。

お願いした後も、「○○した？」と行動を促すような言い方も不快感を与えます。「○○はどんな状況でしょう?」というように、あくまで相手を主体にした聞き方をすると、余計なトラブルを避けることができます。

味方につけてしまえば心強い

茶タイプは、自分が認めた相手には、とても献身的です。一度信頼関係を構築してしまえば、これほど心強いタイプはいません。無条件で手助けしてくれます。相手が上司であればとことん尽くしますし、部下であれば親身にアドバイスします。

ただし、自分が認めた相手が、自分の信念や価値観に大きく反する言動を繰り返したり、期待に応えられなくなってきたりすると、強烈に攻撃します。

この意味でも、茶タイプの相手と自分の意見が違うのに、調子を合わせるのは危険です。茶タイプは意見の交換を嫌がるわけではありません。あくまでこちらも自分の意見を持って接するようにしましょう。

響く言葉　パンチのある声で強く

意見／価値観／信念／確信／確固たる／貫く／覚悟を決める／一流／人徳／威厳がある／正しい／意思が強い／頼もしい／芯が強い／尊敬できる／信用できる／信頼できる／注意深い／思慮深い／器が大きい／誇りを持つ／感心させられる／見習わせてもらう／納得させられる／感服させられる／期待している／真摯《しんし》に受け止める／匠の技／プロフェッショナル／素晴らしい／人柄／筋が通っている／造詣が深い／品がある／間違いない／是非とも

○青タイプへの接し方

よくあるこじらせ方

部下「あのー、お聞きしたいことがあるのですが……。よろしいでしょうか」
青上司「何？　急ぎ？」
部下「あ、お忙しいなら後にしますし、もし大丈夫でしたら……」
青上司「ああ、もう、いいから早く話せよ」
部下「この資料なんですけど、Aさんに文章がおかしいから直したほうがいいって言われたんですが、Bさんにはそこを直すと全体がおかしくなるって言われて……。私も変だとは思ったんですが、このままにしておけないし。あ、このグラフって、誰が作ったんでしたっけ。でも、このページは外せないし……」
青上司「ん？　何が言いたいのか全然わかんない」
部下「あ、すみません」

青上司「いや、すみませんじゃなくてさ。何が言いたいの？」
部下「いや、あの、すみません……」
青上司「だから、謝られても困るんだけど」
部下「あっ、はい……、あのー……」
青上司「あのさ、俺も暇じゃないんだよね。もっと明確に聞いてもらえなきゃ答えようがないよ。話がまとまっていないなら、悪いけど後にしてくれる？」
部下「あ、はい。すみません……」

こうすればよかった

青タイプは、論理的思考と効率を重視しているため、**非効率なことや目的が不明なこと、根拠のないことを嫌います**。

この例でいえば、部下は自分のスケジュールで仕事をしている上司を邪魔してしまっています。青タイプに声をかける際は、**「いま、5分だけお時間よろしいでしょうか?」**などと、時間をはっきりさせましょう。時間に余裕があれば聞いてくれますし、無理な場合は別の時間を指定してくれます。

急に話しかけられて仕事を中断させられることも嫌うので、チャットなどで事前に**「○○の件で相談があります。○日の○時から10分お時間いただけますか?」**とスケジュールを抑えてしまうとスムーズです。

また、青タイプは**要点のはっきりしない話や脈絡のない話をだらだらと聞かされることを、とても嫌がります**。

青タイプをよく苛立たせるのが、前置きです。これは事実を把握し、対策を考えるため、正確に伝えてほしいという背景からで、相手の話を聞きたくないわけではありません。言い出しづらいこともあると思いますが、結果や事実を伝える前に多くの説明をすると、言い訳をしていると受け取られてしまいかねません。

青タイプが相手の場合は、**会話の内容をあらかじめ明確にしておきましょう。「この資料について聞きたいです。AさんとBさんにもアドバイスをいただいたのですが、お2人の考えが分かれていて、迷ってしまったので」**といったように要点だけを伝えれば、「Aさんは何て言ってたの？」「Bさんは何て言ってたの？」「何に迷ってるの？」と自分から聞き出し、適切なアドバイスをしてくれます。

ストレスを感じる背景

青タイプは論理・思考・効率という色メガネで世間を見ていて、**物事を完璧にこなすことが自分の責任であると考えています**。よって、それらが揺らぐとき、大きなストレスを感じることになります。

・自分が計画した通りのスケジュールで物事が進まない
・取り組んでいることに対して成果を得ることができない
・考えもなく効率の悪いことを繰り返される

このようなことが続くと、より完璧に事を進めるため、すべてを自分で管理しようとします。

通常であれば、計画通りに物事を進めるため、必要以上の仕事を抱え込むということはありませんが、完璧を求めるあまり、自分でやったほうが確実だという思いを抱きます。そうして、どんどん仕事を抱え込むようになっていきます。

段取りを崩さない

相手が後輩や同僚、友人であっても、青タイプの段取りを崩さないようにしましょう。

青タイプは逆算思考で段取りを組むため、急な仕事を強引にねじ込まれることを嫌います。仕事をお願いされたときなどは、現状を冷静に分析してから、いつまでに対応できるかを考慮して引き受けます。そうした過程を無視され、一方的に「これやっといて」と依頼をされると、フラストレーションが溜まります。

また、**いきなり行動を促すような物言いをするのはNG**です。

「あの資料まだ?」「何やってんの?」「とりあえずやってみなきゃわかんないだろ」といった言い方をすると、「こっちの段取りでやっているんだから邪魔するな」という感情を抱かせます。引いては「自分の能力を否定された」と受け取られる危険もあります。反発を受ける大きな要因となるので、なるべく避けるようにしましょう。

「なんとなく」を嫌う

青タイプはプロセスよりも成果重視の思考で、**効率を高めることに関心を示**

し、**努力をしても成果が出ないことを無駄と考えます**。

そのため、より良い情報を欲しがり、それを他者にも求めます。漠然としたことを嫌い、根拠のない情報に価値を感じません。「具体的な根拠は?」「計画は?」「いつ? どこで? 誰が?」といった背景も聞いていきます。

青タイプ相手に自分の考えや意見を伝えるときは、**客観的な事実を交えて考えを伝えましょう**。論理的なつじつまさえ合っていれば、こちらの言い分をしっかりと聞いてくれます。

緊張を解いてあげよう

青タイプは完璧主義で、常に何かをしたり考えたりしていなければ落ち着かない、という傾向があります。効率良く物事が進まないとディストレス状態に陥り、さらに仕事を抱え込んでしまうという矛盾を生み出します。その結果、ハードワークになって、どんどん深いループへとはまりこんでしまいます。

それを見た人に、「仕事抱え過ぎだから誰かにやらせろよ」といったことを言われると、自分の能力が否定されたと感じ、より無理をしてしまいます。

そんなときは、**「サポートの仕事まで対応させてしまって悪いね。○○さんに集中してもらいたい作業と、そうでない作業が混在してしまっているから、一緒に仕分けさせてくれないか？」**といったように、抱え込み過ぎてしまった仕事を一緒に仕分けしてあげると、本来の姿に戻っていきます。

そんなやり取りを通して、**「十分能力を認めている」ということを伝え、緊張を解いてあげましょう。**

お願いするとき

青タイプも茶タイプと同様に、自分で考えて自分の行動を決めたいという気持ちが強いので、「○○して」「○○をやってください」と指示されることを嫌います。

そうかといって曖昧な言い方だとストレスを与えてしまうので、**「○○さん、**

10分よろしいでしょうか」「これ、明日の15時までにお願いできる?」と、具体的にお願いしましょう。

対応できるのであれば引き受けますし、対応が難しいようであれば「17時までであれば対応できます」と、対応可能なスケジュールを提示してくれます。「忙しそうで頼みにくいな」といったことは気にせず、「してもらえるか、してもらえないかを確認する」という対応で問題ありません。

冷静で客観的な意見をもらおう

青タイプは論理的で冷静な思考を持つので、計画立案や進捗管理に向いています。それにお金に関する業務も正確にこなします。グループの中では、**全体を管理する舵取り役**として働いてくれます。

また、**客観的な意見が欲しいときなどは、とても良い相談相手**となります。

感情を抜きにして、具体的な情報を伝えれば伝えるほど物事を考えてくれます。事実は事実として伝え、「こう思います」といった主観は控えて報告するようにしましょう。

響く言葉 淡々と感情を入れずに

論理的／効率が良い／計画的／段取りが上手／頭の回転が速い／数字に強い／わかりやすい／完璧／優れた／データがしっかりしている／エビデンス／読みやすい／初めて聞いた／知的／知性が高い／物知り／的確／詳しい／ためになる／聞きやすい／功利主義／判断力がある／問題解決能力が高い／ポテンシャルが高い／呑み込みが早い／成果／良い仕事

○オレンジタイプへの接し方

よくあるこじらせ方

オレンジ妻「今日はとっても良い天気だね」

夫「うん」

オレンジ妻「朝から太陽の日差しが気持ち良いね」

夫「うん」

オレンジ妻「そういえば、昨日、隣の奥さんと話してたんだけど、旦那さんと温泉旅行に行ったんだって。いいなあ。私たちも行きたいよね」

夫「うん」

オレンジ妻「ねえ、ちゃんと聞いてる？　さっきからうんしか言わないじゃん」

夫「うん」

オレンジ妻「全然聞いてないよね」

夫「聞いてるよ」
オレンジ妻「じゃあ、どこの温泉にする?」
夫「んー、別にどこでもいいよ」
オレンジ妻「どこでもいいって何よ。たまにはゆっくりしてもらいたいと思って言ってるのに、なんでちゃんと聞いてくれないの?」
夫「聞いてるって」
オレンジ妻「もういい。私のことなんてどうでもいいんだよね……」
夫「え、そんなつもりは……」

こうすればよかった

オレンジタイプは感受性豊かで思いやりがあり、人との調和や共感、気遣いを何よりも大切にします。

この例でいえば、一生懸命話している妻に対して、ただ「うん」としか言わない夫の対応が、疎外感を与えてしまっています。妻は、「共感されない」という思いからとても不安で寂しい気持ちになります。

温泉の話が出たときに「いいね」と同意することで、共感を示してあげることができます。さらに「そういえば、去年行った温泉良かったよね」といったように共通の思い出などに話題を振ると、「うんうん、楽しかった。そういえばあのとき……」と自然に話が広がっていきます。

また、オレンジタイプは、無意識に相手に期待する傾向があります。事例の背景として、妻は夫に対してねぎらいの気持ちを持って「たまにはゆっくり」と温泉に誘っています。同時に、夫も自分をねぎらってくれるだろうという前提で接しています。

夫に対するねぎらいの思いが受け入れられていない、さらに、私をねぎらってくれていないと感じさせてしまったことが、大きなフラストレーションへと変わってしまいました。

「そんなに気にかけてくれて、いつもありがとう」と、感謝を伝えてあげることで、妻の気持ちを満たすことができます。心の通った人との触れ合いを好むオレンジにとって心のこもった「ありがとう」は何より嬉しいもの。**常に感謝の言葉も忘れないようにしましょう。**

ストレスを感じる背景

オレンジは周囲との調和と心情という色メガネを通して世間と接しています。**ひとりの人間として他人を受容し、自分も受容してほしいと思っています。**よって、それらが揺らぐとき、大きなストレスを感じます。

・話しかけても反応がない。無表情で対応される
・自分だけ仲間に入れてもらえなかった
・感謝やねぎらいの言葉をかけられない

このようなことがあると、自分の存在を否定されたと感じ、自己否定をするようになります。自分のことよりも他者を優先するようになり、優柔不断、断れないといった特徴が強くなります。これは嫌われることを恐れる気持ちの裏返しであり、相手にどんどん振り回されてしまうようになります。

この状態が続くと、「なぜわかってくれないのだろう」という気持ちから感情の起伏《きふく》が激しくなり、論理的なアドバイスは耳に入らなくなります。「私はこんなに一生懸命やっているのに、なんでみんなわかってくれないの」と爆発することもあるので、注意が必要です。

ガス抜きしてあげる

オレンジは「周りからどのように見られているか」といったことに強く意識が向きます。そこが満たされないと、目の前のことに集中できなくなり、簡単なミスを連発することもあります。ただ辛い気持ちをわかってほしいというだけで、共感してくれる人を探すなど、他者依存に陥る傾向もあります。

感情が表情や姿勢や声に出やすいタイプなので、ストレス状態がわかりやすいとも言えます。オレンジが深いディストレス状態にならないために、普段から気にかけてあげましょう。

上司であれば「**いつも助けていただいてありがとうございます**」、後輩であれば「**大丈夫？ 忙しかったら相談してね？**」というように、気遣いやねぎらいの言葉を忘れないようにします。

フラットな関係性であれば、一緒にランチなどをして、共感しながら話を聞いてあげることができるとベストです。この際、求められていないのに具体的な仕事のアドバイスなどをすることは極力避けたほうが良いですね。他人のことで悩んでいる場合は、「自分のことを優先していいんだよ」ということを伝えてあげるといいでしょう。

また、**何かしてもらったときは、感謝の気持ちを忘れずに**。「感謝していることなんて、言わなくてもわかるだろ」という接し方を続けると、フラストレーションがどんどん溜まってしまいます。

オレンジタイプにとっての手助けは、そもそもは相手のためを思ってしているることです。でも、そのことをわかってもらえないと、いつの間にか「私はこんなにしてあげているのに」という思いになってしまいます。

いきなり本題から入らない

感情・心情を重視し、繊細な面を持ち合わせているオレンジタイプには、「この資料さー」と、**いきなり言葉を投げかけるのはＮＧ**です。「えっ、何か悪いことした!?」と、混乱したり緊張したりして、「あっ」とか「えっと……」と言葉に詰まり、うまく返答することができなくなってしまいます。

オレンジタイプに声をかけるときには、優しいトーンで**「○○さん、ちょっといま大丈夫かな?」**と、クッション言葉を入れてあげましょう。そうすることで、ひとりの人間として受容されていると感じ取ってもらえるという効果もあります。

お願いするとき

オレンジタイプには、強い口調で指示をすると萎縮してしまいます。お願いするときにも、**「○○していただいてもよろしいでしょうか」「これやってもらえると嬉しいんだけど、大丈夫? でも無理はしないでね」**と、優しいトーンで伝えるようにしましょう。

雰囲気づくりをしてもらおう

オレンジタイプははっきり意見を言わないとか遠慮がちだと思われやすいのですが、それは相手を思いやる気持ちの表れであり、考えがないということではありません。オレンジタイプの意見が欲しいときには、「端的に」とか「結論は？」とか「具体的には？」と急かすのではなく、意見を言いやすい空気をつくってあげましょう。

リラックスした状態であれば、オレンジは組織に調和をもたらす、大事な存在になってくれます。常に周囲を気にかけ、フォローすることができます。**チームの中にいてくれることで、和やかな空気をつくってもらうことを期待できます。**

響く言葉　やわらかい言い方で

いつもありがとう／助けてくれてありがとう／なくてはならない存在／ホッとする／よく気が付く／思いやりがある／大事な存在／愛してる／かわいい／素敵／

優しい／笑顔が良い／仲間思い／みんな喜んでいる／感動した／いてくれて良かった／助かった／性格が良い／一緒にいられて嬉しい／一緒にいると明るくなる／元気になれる／何でも話したくなる／気持ちが軽くなった／チームの一員／気が利くね／もてなし上手

○黄タイプへの接し方

よくあるこじらせ方

黄「やったー!! 今日のプレゼン、良い反応だったね!」

同僚「そうだね、良かったね。でも、他社もプレゼンしてるし、まだわかんないよね」

黄「えー、そう? まあ、でも、とりあえずいいじゃん。ねえ、打ち上げに行かない?」

同僚「いや、まだ打ち上げしてる場合じゃないでしょ。まだまだこれからだよ。それより次回のために、細かな部分を見直したほうがいいよ。うまく契約取れたら、打ち上げに行こうよ」

黄「えー、マジで? 今日はもう終わったんだから、そんなの明日やればいいじゃん」

同僚「調子乗り過ぎじゃない? 気を抜いちゃダメだよ。今日の反省のほうが大事だって」

黄「なんだよー、真面目かよ。なんかやる気なくなっちゃったなー。なんか盛り上がんないなー」
同僚「何それ、ちゃんとしなさいよ」
黄「何それじゃねーし。マジでつまんない。せっかくプレゼンうまくいったのに。ダメだったらあんたのせいだからね」
同僚「うそでしょ……」

こうすればよかった

黄タイプはとにかく楽しいことが大好きです。**せっかく嬉しいことがあったのに水を差されてしまうと、一気につまらなくなってしまいます**。まずは楽しい雰囲気に同調してあげましょう。

楽しいことを先送りにされるのも嫌いです。特に「契約を取れたら打ち上げしよう」と否定的に対応してしまうと、「じゃあもう頑張らない。打ち上げなんかしなくていい」となります。

この例であれば、「打ち上げいいねー。今日最高だったもんね」と同調して気分を上げておいて、「次回のために、もう少し詰めておこうよ。また次もお願いね！」といったように接すると、ノリノリで対応してくれます。

打ち上げに行けない場合でも、**楽しい雰囲気を崩さなければ大丈夫**です。**「予定があって打ち上げには行けないけど、今日は本当に良かったよ。先方の反応、最高だったよね。さすがだね！」**といったようにポジティブな部分を中心に話せば、文句を言うこともありません。

また、黄タイプはディストレス状態に陥ると、感情だけで反応して、投げやりになってしまいます。こうなると、理屈は通じません、「次回のプレゼンがダメだったらあんたのせい」と支離滅裂なことを言ってきます。

手前でケアできるといいですが、そうなってしまったとしても、あまりに気にする必要はありません。次のときに楽しい雰囲気をつくれば、「話わかるじゃん」と、協力してくれるでしょう。もちろん本当にこちらのせいにしてくることはありません。

ストレスを感じる背景

黄タイプは好きか嫌いかという色メガネを通して世間と接しており、**「楽しむことは良いこと」という価値観を強く持っています**。よって、それらが揺らぐとき、大きなストレスを感じることになります。

・ルールや常識を強く押し付けられる
・友達との交流を制限される
・好きではないことを無理やりさせられる

このようなことが続くと、自分や周囲を楽しませようとしていることを否定されたと感じ、不平不満を漏らすようになっていきます。

フラストレーションが溜まれば溜まるほど、他者や環境のせいにして投げやりになり、自分の責任を果たすことを避けようとします。「ギリギリまで取りかからない」「期限を守らない」「物事を途中で投げ出す」というのは黄タイプが多いと言えます。

とにかく楽しい雰囲気をつくる

長時間真面目な議論をする場などでは、黄タイプは集中力が続きづらくなります。時折笑い話を入れてみたり、緊張をほぐすようなディスカッションを取り入れてみたりすると良いでしょう。

オレンジタイプ同様、黄タイプは感情が表情や言動に出やすいので、フォローしやすいとも言えます。笑顔が消えたり、大きなため息をつく姿を見たら**「飽きちゃった？」と声をかけたり、雑談をしたりして、少し目先を変えてあげましょう。**

楽しい雰囲気が大事なのは、相手が目上であっても同じです。上司が大きなため息をつくなどのサインを出していたら、お菓子を持って行ったり、楽しい世間話などを話しかけたりすると、うまくコミュニケーションが取れます。

黄タイプが上司の場合、部下の目には、良い人だけれどどこか不真面目に映っているかもしれません。逆に上司の目には「冗談が通じない」と映っていて、お互いにフラストレーションを感じることもあります。

特に茶・青タイプと黄タイプの組み合わせの場合、パーソナリティ・タイプを知らなければお互いに理解が難しいので、注意が必要です。

本人は真剣に取り組んでいる

黄タイプは周囲から「もっと真剣に考えろ」「ちゃんとやれ」と詰められることが多くなりがちです。でも本人としては真剣に取り組んでいて、なんでそんなことを周囲から言われるのかと、理不尽さを感じています。

詰めれば詰めるほど、「面倒くさい」とか「うるせーなー」とフラストレーションが溜まり、不平不満を口にしたり面倒なことを先延ばしにしたりといったことが増えていきます。

そんな態度を見て厳しいルールで縛り付けようとすると、さらに不満が言動に表れてしまいます。本人はいたって真面目だということを理解し、型にはめ込んだ考えを押し付けることは避けるようにしましょう。

ただ、好きなようにさせ過ぎると収拾が付かなくなります。手綱を締めるところと緩めるところを意識しましょう。

進捗報告を毎日定時にする、出かけるときはボードに書くなど、業務の進行に関わるようなルールは守らせるようにして、自分の基準で必要以上にルールを押し付けることは避けましょう。

お願いするとき

黄タイプにお願いする際は、軽い雰囲気をつくるようにします。

「おっ！ 調子いいね！」「頑張ってる？」といったひと言を入れるだけで、こころよく引き受けてくれるようになります。

これは何かを依頼するときに限らず効果的です。会話の最初に楽しい雰囲気をつくれば、後は大丈夫。そこからは普通に仕事の話をしても、すんなり聞き入れてくれます。

クリエイティビティを発揮させる

黄タイプは、ユーモアに富んでいます。本人の楽しい雰囲気と合わせて周囲を楽しい気分にさせてくれますし、エネルギッシュな姿からも、**ムードメーカーと**

しての役割も期待できます。

また、創造力豊かで、クリエイティブな発想を持っています、真剣な話の中にもちょっとした冗談などを交えて**楽しい雰囲気をつくると、斬新なアイデアを思い付いてくれます。**

意見を述べているときは、**「いいねー」「ほかには?」**と、盛り上げてあげましょう。意見を否定して、頭から押さえつけるようなことをすると、すぐに興味を失ってしまいます。

ただ、ここも好き勝手に話をさせると、収拾が付かなくなってしまいます。話が脱線したときは、**「さっきの提案良かったからもう少し聞かせて」**と舵取りをする必要があります。

響く言葉　軽く楽しく

楽しい/好き/自由/すごいね!/わぉ!/いいね/その調子!/絶好調だね/

天才／やるね！／よっ！／待ってました！／驚いた／良いこと言う！／目の付け所が良い／勘が良い／伸び代がある／目の色が違うね／どんどんいこう／発想がすごい！／遊び心がある／頭が柔軟だね／おいしそうに食べるね／元気がいいね／人気者／一緒にいて楽しい／大らかだね／非凡だね／良い人／心が広い

○緑タイプへの接し方

よくあるこじらせ方

上司「○○さん、これ、コピーしといてくれる?」(そのままどこかへ行ってしまう)

緑部下「はい。あ、何部……」

(30分後)

上司「あれ? コピーしてくれた? 会議室にないんだけど」

緑部下「はい。コピーはしました……」

上司「コピーしたらちゃんと言ってよ」

緑部下「……はい」

上司「それで、どこ? コピーした資料」

緑部下「こちらです」

上司「これか。ん……、部数も足りないよ。会議は20人参加だよ? わからないなら聞いてくれればよかったのに」

緑部下「……はい（探したけど、席にいなかったから……）」

上司「とりあえず会議室に置いてきて」

緑部下「あの、どの会議室でしょう」

上司「そんなのもわからないの？　会議室使用予定表見ればわかるよね？　わかるでしょ？」

緑部下「……」

上司「どうしたの？　早く置いてきてよ。何か聞きたいことあるの？」

緑部下（固まって動かない）

上司「おーい。もう、大丈夫かよ……」

こうすればよかった

緑タイプは、自発的に行動するのが苦手です。仕事を指示するときには、具体的かつ明確に伝えるようにしましょう。

この事例でいえば、コピーを何部、何時までに、どこに置いておくかまで伝えておくべきでした。「仕事が終わったら報告して」と付け加えておくと、さらにスムーズです。

また、緑タイプは受動的という面と同時に、我慢強いという特徴もあります。そのため、積極的に周りに助けを求めることもしません。少し自分に面倒がかかる程度のことであれば、そのまま自分で消化しようとします。

上司に聞きに行ったけれど席にいなかったのであれば、ほかの人に上司がどこに行ったかを聞けばいいのにとも思われますが、「また後で聞きに来よう」と考えていたはずです。

最後の質問攻めは、ディストレス状態に陥れてしまう要素しかありません。緑タイプには、とにかく相手のペースに合わせて何をしてほしいかを確実に伝える。これを実践すれば、素直に適切な手助けをしてくれます。

ストレスを感じる背景

緑タイプは内省や想像という色メガネを通して世間と接しており、自分の欲求や感情を強く表現することはあまりありません。また、**自発的に人と関わろうとせず、ひとりの時間・空間を好みます。**

よって、こうした行動基準が揺らぐと、大きなストレスを感じることになります。

- 唐突に考えや感情を聞かれたりする
- ひとりの時間や空間を邪魔される
- 曖昧で大雑把な指示

このようなことが続くと、より自分の感情を表に出すことがなくなり、感情そのものを感じなくなってしまいます。目の前で起きていることを拒絶し、自分の世界に引き込み、自分の身を守ろうとします。

それでも状況が改善されないと、どんどん自分の世界に引きこもります。結果的に会社に来なくなったり、連絡が取れなくなったりするということも起きてしまいます。

必要以上に関わろうとしない

緑タイプは、ひとりでいることを好みますが、人との関わりを断絶したいわけではありません。他人との関係性を持つうえでは、より精神的に深い部分を共有することを求めます。そのため、多くの人と浅く広く付き合うよりも、少数の人と深い人間関係構築を好みます。

こういった背景を持つので、強引に誘ったり、余計なおせっかいをしたりすることは避けましょう。

お昼休みにひとりで過ごしていても、本人は寂しく感じているわけではありません。むしろ人と関わらずに自分の内面と向き合える、楽しい時間です。

それを一方的に、**「ひとりぼっちはかわいそうだから」と無理やり誘い出してしまうと、苦痛の時間になってしまいます。**そこで楽しくおしゃべりしたいわけでもないので、発言もあまりありません。そうして周囲も余計に気にして、お互いに気まずい時間を過ごすことになってしまいます。

我慢させない環境をつくる

緑タイプは感情を表現することに抵抗を覚えます。自分にとって嫌なことが起きても我慢し、ギリギリまで周囲に伝えようとしません。

普段から、**我慢しなくてもいいこと、自分の欲求をあきらめる必要はないということを伝えましょう。**

それらを吐き出せる環境をつくってあげることが大事です。1対1で、じっく

各タイプへの接し方

りと自分の望むことを聞いてあげる時間を持ちましょう。その場合は、事前に質問項目を渡しておくと、よりスムーズです。

直接感情に働きかけない

繰り返しになりますが、緑タイプには具体的かつ明確な指示を与えることによって、行動へと導く必要があります。

ただし、その際「どうしたの？」「何があったか言ってくれないとわからないよ！」と直接感情に働きかけるような問いかけをしてしまうと、より心を閉ざす要因となってしまいます。

また、緑タイプは会話の中で突発的に「君の意見はどうなんだ？」と問われると、「何に対しての意見を言えばいいの？」と混乱します。意見や考えを聞きたいという場合は、**「何に対しての意見を聞きたいのか」を明確にし、相手のペースに合わせながら具体的に質問を投げかけてあげる**ようにしましょう。

目上の人が緑タイプの場合

上司や経営者などで緑のタイプが強い人は、基本的に他者からの指示を実直にこなすことで信頼を得て、そのポジションに就いている場合が多いと言えます。人付き合いは決して良いとは言えませんが、穏やかで実直です。

そうした経験を経て、自分で自分に明確な指示を出せるようになっています。自分が受動的だと理解しているからこそ、客観的に指示を出す人格をもうひとりつくっているようなイメージです。次に何をすべきか、これが終わったらどうすればいいかというアクションプランが、自分の中でできています。

ただ、それらを積極的に発信することや、部下の進捗を細かく聞きに行くということはあまりしません。**緑タイプの上司には、自分から次の指示を聞きに行ったり、進捗を逐一報告したりする**ことで、円滑なコミュニケーションを取れるようになります。

お願いするとき

緑タイプにお願いするとき、指示をするときは、とにかく具体的に伝えることです。事例解説のように「何を」「いつまでに」「どのように」すればいいのか、はっきりと伝えましょう。

これは目上の相手も同じです。「この資料を明日までにチェックしていただきたいです」「トラブルのあった先方へ、どのようにメールすればいいか、アドバイスをいただければ幸いです」というように依頼しましょう。

誰よりも正確に業務をこなす

緑タイプはみんなで和気あいあいと何かをやろうということが苦手で、積極的に何かを発言することはあまりありません。そのため自分の意志がないように見えますが、「どうすれば良い仕事ができるか」を考えていないわけではありません。

もちろん能力が低いということもありません。具体的かつ明確な指示を怠らな

ければ、誰よりも正確に業務を遂行します。再現性の高い作業が得意で、単調な仕事でも淡々とこなしてくれます。

自分の感情や思いを入れずに、事実を事実として忖度《そんたく》なしに伝えてくれるので、正確な情報共有もできます。

響く言葉 穏やかに

いつも一生懸命／ひたむき／確実／堅実／正確／丁寧／抜かりがない／研究熱心／個性的／コツコツ頑張っている／温厚／争わない／筋が良い／手堅い／粘り強い／じっくり考えている／ひとつのことに集中する／人に左右されない／マイペース／感性が豊か／清楚

○赤タイプへの接し方

よくあるこじらせ方

店員「いらっしゃいませ。今日は天気も良く暖かくて気持ちが良いですね」

赤「……（店員をチラ見）」

店員「お探しのものがあったら、お声がけくださいね！」

赤「掃除機」

店員「えっ？」

赤「どこ？」

店員「あ、掃除機はこちらのコーナーにございます」

赤「どれがいい？」

店員「掃除機はいろいろなメーカーから出ていまして、それぞれ特徴が違うんです。やっぱり軽いのがお好みですか？　吸引力はどうです？　こちらの商品はこの夏に出たばかりで、お値段もお手頃です。吸引力はそれほど強くないんですが、軽いのが特徴です」

赤（店員を無視しながら商品を見る）

店員「例えばコードレスですと、こちらのメーカーのものが人気で――」

赤「ごめん。うるさい」

店員「あっ、申し訳ございません……」

赤「で、どれがいい？」

店員「えっ、あのー、こちらの掃除機が当店の一番人気になりまして……」

赤「もういいや」（立ち去る）

こうすればよかった

「即結論」「まず行動」を信条にする赤タイプにとって、**前置きは無駄**です。

この例はとても極端に映るかもしれませんが、赤タイプが強い人は、本当にこのような対応をします。

自分が聞いてもいないことを店員が話してくるのを、疎《うと》ましく感じています。店員側としては、雰囲気づくりやニーズを聞こうということは、考えないほうが無難です。求めるものを早く提供して、聞かれたことだけを端的に答えるようにしましょう。

この例のように、赤タイプは交渉を優位に進めるために相手を値踏みするような態度をとったり、相手に合わせて柔軟に言動を変えたりします。対等に話せるような相手だと感じたら、いますぐにでも買うそぶりを見せるなどして、うまく取り込もうとします。こうした嗅覚の強さと駆け引きのうまさは、6タイプの中でも群を抜いています。

事例の最後に、「いいや」とその場を離れたのは、この店員と話しても良い交渉結果（値切りなど）は得られないと感じたからです。

端的な言い方をするお客様には端的に返答することで、「お、こいつはできるな」と感じ取らせることができます。その後の話は、とても進みやすくなります。

また、赤タイプは自分を特別だと捉えているため、周囲にもそう対応してもらうことを当然だと考えています。そのため、「人気です」という言葉を使うより、**「売れている中でもこれは特別」**などと伝えてあげると、興味を抱いてもらいやすくなります。

ストレスを感じる背景

赤タイプは行動・挑戦という色メガネを通して世間と接しています。同時に**他者よりも優位に立つために、相手を無意識下でコントロールしようとします。**

よって、それらが揺らぐとき、大きなストレスを感じることになります。

・他者が自分の言うことを聞かなくなった
・行動を制限される
・刺激的なことを取り上げられる

自己の優位性が失われるような状況になるほどディストレス状態に陥り、その場を支配しようとします。同時に、ルールを一切守らない、他者の意見を一切聞き入れない、といったように反抗的な態度をとるようになります。

ただ、自分が矢面に立って事を起こすかと言えばそんなことはなく、裏で糸を引いて混乱させるように仕向けます。

この背景には、自分は特別、自分は強い、といった思いがあります。混乱を巻き起こすことで他者が右往左往する姿を見て、自分の強さを確かめる。そうすることで自分の気持ちを満たしているとも言えます。

「考え」を求めてはいけない

赤タイプは基本的に行動によって自分を表現します。そのため、「営業計画をもう少し具体的な数字に落とし込みたいから、考えとその理由を聞かせて」といった**「思考」や「裏付け」を求められることを嫌い**ます。「やってみなきゃわかんないじゃん」と考えてストレスに感じます。

高い交渉能力を持つからこそ

赤タイプは非常に交渉能力に優れています。**高い交渉能力を持つからこそ、その人が持つ雰囲気を敏感に感じ取り、自分の立ち位置を柔軟に変える**ことができます。組織の中で立場が高く強い人であれば、きっと自分にメリットをもたらしてくれるだろうと考えます。目的達成のために、うまく従うこともできます。

逆に弱そうな人であれば、交渉を優位に進めようと考え、なだめすかしたりコントロールしようとしたりします。

こう表現すると少し人間性が悪いように感じますが、そういうことではありません。目的達成のために環境に適応しているということであり、そのことを理解しておけば、お互いにメリットを得ることができます。

チャレンジを邪魔しない

赤タイプは自分を特別だと思っています。自分で行動できるし、自分の力で結果を引き寄せられると考えています。

その邪魔をしないのが、何より大事なことです。従来のやり方を押し付けたり、一般論で諭そうとしたりするのはやめましょう。

仮にチャレンジの結果失敗しても、本人が落ち込むことはありません。次を目指してまたすぐに行動します。そのときに結果が出なかったことを指摘しても、効果はありません。本人にとっては終わった話です。

赤タイプは物事を切り開いていくためにいちばん必要な、チャレンジ精神を持っています。それを最大限生かすことを考えましょう。

良くも悪くも自己中心的

赤タイプはあまり他人に興味を持たず、損得で動きがちです。「もうこの相手と一緒にいるメリットはないな」と思ったら関係を断つことも少なくありません。会社も自分に必要ないと考えたら急に辞めることもあります。

逆に、音信不通だったのに、突然連絡を取ってくることもあります。自分の目的のためであれば、連絡しづらいといったことは一切気にしません。

そもそもそういう特徴を持つタイプです。例えば、急に連絡がなくなったり会社を辞めたりしたとしても、本人が次のステップに進んだということです。あまり気にする必要はありません。

お願いするとき

赤タイプに何かをお願いする際は、**「○○してください」「○○を頼むよ」と端的に伝えましょう。**

「即行動」の意識が強いので「○○してもらえる？」「○○していただけると嬉しいのですが」といった伝え方をされると、まどろっこしく感じてしまいます。相手が上司であっても、やってほしいことを的確に伝えたほうがスムーズです。

先頭で引っ張ってもらう

赤タイプは物怖《ものお》じせずに行動力もあるため、とても頼もしく感じられます。新規事業の立ち上げなど、チャレンジする状況でチーム内にいてくれると、非常に心強い存在となります。

「あなたにしかできない」と特別な存在であると感じさせることや、「こんなチャンスを逃すつもり？」と挑戦心を引き出すようなアプローチをすることで闘争心に火が付き、最大のパワーを発揮してくれます。

響く言葉　エネルギッシュに

チャレンジ／挑戦／やってみる／特別／交渉力がある／フットワークが軽い／格

が違う／たいしたもの／さすが！／やるね！／勢い／威勢が良い／願ってもない／最高／豪快／スケールが大きい／カリスマ／機転が利く／要領が良い／人が集まる／タフ／アクティブ／存在感がある／輝いている／統率力／心を奪われる／忘れられない経験／ゴージャス／魅力的／チャンス／逆転／千載一遇／いましかない／君しかいない／ビッグチャンス／とにかくやろう／見返そう

そんなに難しいテクニックではない

相手が嫌がることをしなければいい

ここまで、タイプ別の接し方を見てきました。どのように感じたでしょうか。「限られたやり方を覚えるだけでいいよ」とお伝えしましたが、結構たくさんあるな、って思うかもしれません。

いろいろとお話ししましたが、そんなに難しいことじゃないんです。6タイプの特徴をすべて理解して、相手に合わせて常に臨機応変に対応する、なんてことはできなくて大丈夫です。例えば茶タイプや青タイプの人がずっと黄タイプに合わせて話すのは難しいですし、疲れちゃいます。逆もしかりです。

ひと言で言えば、「相手の嫌がることをしない」。これだけです。不快な思いを

させなければ、基本的なコミュニケーションは成り立ちます。機密事項やよほどプライベートな質問でなければ、嫌な感情を持たない相手に対して、聞かれたことに答えない、ということはありませんよね。

もっと言えば、相手の嫌がることを裏返せば、それが喜ぶことです。青タイプが根拠のない話を嫌がるのであれば、根拠を準備して話す。緑タイプが人に干渉されるのが嫌いなら、なるべくそっとしておく。そう考えれば、難しいことではないのがわかるのではないでしょうか。

一つひとつは、本当に些細《ささい》なことです。コミュニケーションのために疲れちゃったら、本末転倒です。**自分を良い状態に保つことが第一**。やり過ぎる必要はないんです。

入り口だけ頑張ればいい

「相手の嫌がることをしない」も、ずっと気を付ける必要はありません。コミュニケーションの入り口だけで大丈夫です。**最初だけ、相手に合わせてあげればいい。**

例えば青タイプの人が忙しく仕事をしている。自分が立てたスケジュールを崩されるのが大嫌いなので、なるべく人に話しかけられたくありません。オレンジタイプの人が「あのー……、ちょっといいでしょうか……」と話しかけてきた段階で、もうまともに聞く気になれません。「ちょっとってどれくらいよ」と始まってしまいます。

「すみません、3分だけいいですか」と入れば、聞く耳を持ってはくれます。もちろん相手が本当に忙しくて、3分の時間も取れないのであれば別ですが、その場合も、入り口さえ間違っていなければ「いまは無理だけど、午後なら大丈夫」と答えてくれるはずです。

相手がオレンジタイプなら、「○○さん、いつもありがとうございます。」とソフトに接すればいいし、茶タイプなら礼儀正しく入る。入り口だけ合わせれば、相手は聞いてくれるわけです。

僕はこれを**「コップを上向きにする」**と言っています。

逆さまのコップにどれだけ水を注ごうとしても入りませんよね。聞こうとしてくれない人にどれだけしゃべっても、届かないわけです。**いったん、上向きにさせることさえできれば、水はどんどん注げます。**後は無理しなくて大丈夫です。自分の使いやすいタイプで話せばいい。

もしかしたら話している最中に、またコップが逆さまになるかもしれません。そのとき、相手からはちゃんとサインが出ています。茶タイプなら眉間に深い縦じわ、黄タイプなら集中力がかけた感じ、赤タイプなら鼻で笑う。

そうしたら、また相手にちょっとだけ合わせてコップを上向きにする。そのやり方だけ覚えればいい。たいしたテクニックではありません。

色の予想が合っている必要もない

おかしなことを言うようですが、極論、相手の色の予想が合っている必要もありません。

例えば、ある人を青タイプだと予想して接したら、お互いにストレスなくやり取りができた。仮に相手のベースが黄タイプだったとしても、それは相手がうまく合わせてくれているということです。それでコミュニケーションが取れていれば、何も問題はないですよね。

もちろん、それが相手にフラストレーションを与えてしまってはいけませんが、その場合は必ずサインが出ます。そうしたら、「青じゃなかった」とわかります。

人それぞれ6タイプを使い分けていて、どのタイプが出てくるかは状況やタイミングによって異なります。その中で、たまたま相手が青タイプの特徴を出してきた。であればそれに対応すればいいだけの話で、本当に相手が青タイプかどうかは、問題ではないんです。

目的はタイプを知ることではなく、円滑にコミュニケーションができることのはずです。むしろ、**相手を色だけで見てしまうことのほうが危険**です。普段茶タイプが出ていても、それは仕事をしているときだけで、プライベートでは黄タイプのほうが強いのかもしれません。黄タイプ全開で盛り上がっている人に茶タイプのまま接すると、「つまらないやつ」と思われかねません。

特に初対面なら、相手のタイプはわかりづらいですよね。だから、**とりあえずどれかのタイプをぶつけてみましょう**。

ビジネスの関係なら、青・茶タイプを基準にしていれば大きく間違わないはずです。プライベートであれば、オレンジタイプで接すれば問題はないわけです。

僕の場合は、相手が何タイプかということは深く考えずに、そのとき自分が使いやすいタイプ（黄か青）で接しています。

そうして話しながら、にこやかな人だなと思えばオレンジで、理屈があまり響かないなと思ったら茶で、静かな人だと思えば緑で対応していけばいいんです。

そう考えると、とても楽に思えてきませんか？　相手の反応に合わせて、ちょっとした対応方法を知っておくだけでいい。それだけでコミュニケーションのわずらわしさから解放されるんです。こんなに楽なことはありません。

6タイプを使い分けるために

宝くじで100万円当たったら

想像してみてください。

ある日、宝くじを買ったら100万円当たりました。「やったー」と喜んでいると、のどが渇きました。そうしてコンビニに水を買いに行くと、レジの前でおじさんに横から割り込みされました。

続けて、もうひとつ想像してください。

ある日、100万円を入れたカバンをなくしました。来た道を走って戻ったけれど、どこにも見つかりません。どうにもならない気持ちを少し落ち着かせるため、コンビニで水を買おうとすると、レジの前でおじさんに割り込みされました。

前者では、冷静に「並んでますよ」と注意することはあっても、「割り込みしないでください!!」と強く怒る人は少ないと思います。「急いでるのかな？　大丈夫かな？」と相手を心配する余裕もあるかもしれません。

後者では、「おいっ!!」といきなり怒りが爆発してしまうかもしれませんね。あるいは「なんで私ばかりこんな目に遭うんだろう」とフラストレーションが行き場を失って、とても悲しい気持ちになるかもしれません。

これは極端な例ですが、「割り込み」という同じ事象なのに、自分の心の状態によって受け取り方や対応が大きく変わってしまうことは、たくさんあると思います。自分の心に余裕がないときほど、ちょっとしたことに意識がネガティブなほうへ引っ張られてしまうんです。

心理的欲求を満たしておく

本書のノウハウは決して難しいことではありません。ただ、相手のタイプに合わせるためには、ある条件が満たされている必要があります。

それは、**自分がディストレス状態ではないこと**です。

第1章で、各タイプの特徴はディストレス状態で最も強く出るとお話ししました。また、いったんディストレス状態になると、自分がディストレス状態だということすらわからなくなってしまいます。

ディストレスと呼ばれるほどの状態ではなくても、ストレスを抱えているとどうしてもベースばかりを使うようになってしまいます。

コミュニケーションの相手が自分と同じタイプであれば、それでも問題ないわけですが、そもそも自分とは違うタイプだからこそ、「認識のズレ」が起きてコミュニケーションがうまくいかないわけです。

普段から、自分がディストレス状態に陥らないためにケアが必要です。ひとつは、第1章でお話しした通り、ストレスを感じる要因から遠ざかることです。それからもうひとつ。**普段から自分の欲求を満たしておく**ことです。

人間が感じる欲求には2パターンあります。身体的な欲求と心理的な欲求です。

身体的欲求はわかりやすいと思います。ちゃんと食事をして、睡眠をとって、疲れたら休む。こうした身体のケアはもちろん大事ですが、ここでは心理的欲求について考えてみましょう。

自分が使いづらい色に合わせるときには、エネルギーが必要です。そのエネルギーとなるのが、心理的欲求を満たすことです。自分が心理的に満たされていて初めて、人の話に耳を傾けることができるんです。

ストレス解消の方法というと、「温泉に行く」とか「お酒を飲む」といったイメージがあります。間違ってはいませんが、それが心理的欲求を満たすことになるかどうかは、人によって異なります。**自分の心理的欲求は、どんなことで満たされるのか**、覚えておきましょう。

○茶タイプの心理的欲求を満たすこと

・周りからプロセスを褒めてもらう
・自分で自分のプロセスを認める
・質の良いものを身に着ける
・伝統品やこだわりの逸品を身近に置く
・自分の意見を発信する
・自分の意見に耳を傾ける人と対話する（価値観が一緒でなくても構わない）

○青タイプの心理的欲求を満たすこと

・周りから成果を褒めてもらう
・自分で自分の成果を認める
・スケジュール管理ツールを活用する
・有益な情報を交換できる人と交流する
・周囲からの邪魔が入らない環境をつくる
・整理整頓された空間で過ごす
・賞状など、これまでの実績を表すものを飾る

○オレンジタイプの心理的欲求を満たすこと

・ゆっくりお風呂に入る
・花を飾る
・アロマを焚《た》く
・マッサージを受ける
・仲の良い友人とランチや旅行をする
・プレゼントを交換する
・他愛もないおしゃべりをする
・肌触りの良いものを近くに置く

○黄タイプの心理的欲求を満たすこと

- カラオケやクラブで盛り上がる
- 好きな仲間と旅行する
- ワクワクするような体験をする
- ゲームや漫画、映画を楽しむ
- 好きなものをコレクションする
- 自由な時間をつくる

○緑タイプの心理的欲求を満たすこと

・ひとりで買い物をする
・静かな空間で読書や空想をする
・美術作品を鑑賞する
・自分で作品を制作する
・自分だけの時間と空間を用意する
・自己完結できる業務をする

○赤タイプの心理的欲求を満たすこと

- ノルマを立てて挑戦する
- 勝ち負けがはっきりするゲームをする
- 人目を惹く服を着る
- 人とはっきり違いがわかるものを持つ
- 絶叫系マシーン、スカイダイビング、スキューバダイビング、カーレース、バンジージャンプなど、刺激的なことに挑戦する

普段から自分をメンテナンスしておく

普段から心理的欲求を満たすことができていないと感じる人は、ある程度強制的に環境をつくってみてもいいと思います。

例えば青タイプであれば、電話の電源を切り、ひとりで思考したり作業したりする時間をつくる。営業職などでは結構ハードルが高いかもしれませんが、環境を整えることで気持ちが整理され、余裕が生まれるのがわかると思います。

そして、心理的欲求を満たしておくことは、ディストレス状態に陥らないこと以上に、自分らしく生きていくために大事です。自分に適した環境にいると、のびのび過ごせますし、仕事でもどんどん伸びていきます。

ただ、これもあまり難しく考える必要はありません。自分へ栄養を与えているのだと考えて、ときどきメンテナンスするようなイメージです。

また、自分で気をつけるだけではなく、家族や同僚など、**ほかの人にも自分がどんなことに心が満たされるのかを知っておいてもらう**のが理想的です。「僕は整理整頓された空間が好きなんだ」「私はワクワクすることが大好きなんだ」「ときどきひとりの時間が欲しい」ということを伝えておきましょう。

これは自分のメンタルを安定させるために、とても効果的です。普段何も言わないのに、急に「部屋を片付けて！」「放っておいて！」となると、相手も良い気持ちはしませんし、心配になります。冷静でいるときに伝えておくことで、この人はこういうことを大事にしているんだ、とわかってもらえます。

できれば、身近な人にもこの本を読んでもらってください。そうして相手のことも教えてもらえれば、お互いにストレスなく付き合えるようになります。

相手をそのまま受容する「尊重」の姿勢

「ありのままで付き合う」は単なる自己主張

本章を通して、パーソナリティ・タイプに合わせたコミュニケーションの方法をお伝えしてきました。このノウハウを覚えると、いろいろな面でやりやすくなります。自分の意見を通しやすくなるし、周囲が自分のために動いてくれるようになる。信頼も築けるし、結果も出るようになります。

ただ、コミュニケーションをコントロールするというのは、ある意味で作為的なことです。このことに抵抗を覚える人もいるかもしれません。「ありのままの自分で付き合える人とでなければ、本当の関係性は築けない」みたいな考え方もあります。

僕が思うに、厳しく言えば、相手に合わせることのできないコミュニケーションは、単なる自己主張に過ぎません。

ここで言うまでもなく、自分と相手との違いを受け入れることの大切さは、みんなわかっていると思います。お互いに考え方が違い、価値観や意見もさまざまだということもわかっている。

でも、それが実体としてどういうものなのかがわかりません。だから結局、自分の基準になってしまうんです。**相手に合わせているつもりでも、無意識のうちに自分の色メガネで見てしまっている**わけです。

伝える側は、自分の伝えたいことを自分の使いやすい話し方で伝えます。それを理解してもらえないなら、「なぜわかってくれないの?」と考える。

聞く側も、自分の理解の範疇《はんちゅう》でしか聞こうとしません。そうして何を言っているのかわからなかったら、「もっとわかりやすく伝えてよ」と考えます。

どちらも自己主張なんです。それぞれ考え方、受け取り方が違うのに、わからせようとする、わかろうとする。そうして「認識のズレ」が起こることで、攻撃したり批判したりするんです。話が大きくなりますが、宗教対立や戦争だって、根本的な原因はここにあるのかもしれません。

相手を理解したつもりになってはいけない

ここで強調しておきたいことがあります。

相手に合わせることと、相手を理解することは、大きく違います。相手のタイプを予想して対応できるようになったからといって、相手を理解したつもりになってはいけないんです。

これまでに繰り返しているように、パーソナリティ・タイプを知る目的は、「こういう人間だ」と決めつけることではありません。

例えば血液型がB型で、「マイペースだよね」と言われることに違和感を覚える人がいます。「たった4種類しかない血液型なんかで私を決めないで」という話です。それと同じで、**パーソナリティ・タイプも6つという限られたタイプの組み合わせでしかない**わけです。

そもそも、診断をせずに相手のタイプを正確に読み取ることはできません。仮に当たっていたとしても、それがその人の人格を決めるものではありません。

先ほど、相手のタイプの予想が合っている必要はないと言いました。**「あの人は○○タイプだから」と考えた瞬間に、思考が止まります。**

楽しそうにしていて黄タイプに見えるけれど、本当は大変な事情を抱えているのかもしれない。普段から理屈っぽい人だけど、とてもナイーブなところがあるのかもしれません。

仮に6タイプの順番がまったく同じ相手であっても、別の人間です。過去の経験や価値観、その人の人格を構成する要素は無限にあるわけです。

パーソナリティ・タイプとそれぞれへの接し方を知った。それは単純にコミュニケーションのツールを手に入れただけです。とても便利なものですが、決して相手を完全に理解できるものではないんです。

自分の色メガネでジャッジしない

僕は、どれだけ時間をかけて、どれだけ力を尽くしても、人と人とが完全に理解し合うことは不可能だと思います。これだけ考え方が違うのに、わかり合うことなんてできません。

寄り添うこと、気遣い合うこと、助け合うことができても、理解はできない。他人をどれだけ思っても、その痛みはわからないですよね。

「理解してもらおう」と思っても、それは無理です。「理解しよう」なんてもっとダメ。それは傲慢《ごうまん》と言い換えられるかもしれません。

それなのに、世の名では「理解し合おう」という話になります。奇麗な考え方だけれど、結局それができません。だからみんな悩むんですよね。**できないことを無理にしようとするから苦しい**んです。

僕たちは、ある程度人をカテゴライズできる知識を手に入れました。人を決めつけようというわけではありません。コミュニケーションを阻害する「認識のズレ」を埋めて、相手の思考や価値観が受け取りやすくなる。**コミュニケーションの深度が変わる**んです。

そうすることによって、**「僕はこうだけど、あなたはこうなんだね」**と、**相手をただ受容できるようになります**。まるまる受け止めて、自分の物差しで評価しない。ジャッジをしない。

これを相手に求めてもいけません。**一方的に、ただ受容する。相手が自分をジャッジしてくることも含めて、受け入れる。**

すると、感情は入ってこないはずです。**「なんでわかんないんだ!」はなくなります**。僕はこれが「人を尊重する」ということなんだと思います。

第4章

すべての人に求められる「マネジメント力」

小さなビジネスをたくさんつくる

「高級食パン」と「梅干しサワー」の共通点

この本を執筆しているいま、高級食パンの専門店が流行っています。僕の父は食パンが大好きなので、実家に寄るときお土産に買っていくと、とても喜んでくれます。確かにおいしいですし、お店にはいつも行列ができているのを見かけます。

「梅干しサワー専門店」なんていうのもありますね。梅干しサワーを飲む人がどれくらいの割合いるのかわかりませんが、物珍しさも手伝って、集客の要因になっていると思います。単に「大衆居酒屋」と看板を掲げるよりも、試してみたくなるのではないでしょうか。

これら、いわゆる**「ニッチ（隙間）」な層を狙ったビジネスが、どんどん増えてきています**。「みんなが買うわけじゃないけれど、好きな人はお金や時間を使う」「意図的に市場を小さく区切る」というビジネスモデルをつくることで、ニーズを掘り起こすわけです。

コミュニケーションの本で、いきなり何の話が始まったのかと思うかもしれません。後で話はつながってくるので、もうちょっと読んでみてください。

「絶対に欲しいもの」ってありますか？

これまでのビジネスに求められていたのは、とにかくたくさんの人が欲しがるものでした。

戦後、焼け野原からの復興期は、モノを作れば作るほど売れた時代です。情報もいまのように自由に集められるわけではなかったので、「みんなが持っているものが良いもの」という概念が一般的でした。
そこからの高度経済成長期でも、みんなが欲しいものは統一されていました。「3C」と呼ばれる、カー（自動車）、カラーテレビ、クーラー。生活に必要なものを買って、より豊かになりたいという共通の目標があったわけです。

でもいまは、生活に必要なものは安く揃えられるようになり、人並みに働いていれば生活に困ることはありません。

すると、人は**「みんなが良いと思うもの」ではなくて、「自分が良いと思うもの」を選ぶようになります。**「絶対に欲しいものは何ですか？」と聞かれて出てくる答えは、個人の趣味や価値観に寄ったものだと思います。欲しいものが思いつかないとか、ものよりも時間が欲しいという人もいるかもしれません。

流行のドラマやバラエティ番組ではなく、YouTubeで自分が面白いと思った動画を観る。これだけを切り取ってみても、その人個人の価値観と近いものが受け入れられやすい社会になってきたと、わかるのではないでしょうか。

誰かが得すれば、誰かが損をする

過去のビジネスは、ある意味で、わかりやすい市場だったと言えます。

みんなたくさんのものを欲しがって、その人数もどんどん増えていく。作れば作るだけ売れていく。ビジネスは「頑張れば頑張るだけ成長できる」ものでした。

それがいま、先進国、少なくとも日本では、高度成長期のような爆発的な経済の拡大を望むことはできません。国の面積は変わりませんし、人口はどんどん減っていく。みんなの給料も上がっていきません。

これが何を意味するかというと、日本国内でビジネスをする場合、全体の市場規模がほぼ決まっているということです。つまり、どこかの企業が儲かれば、どこかの企業が儲からない、トレードオフの関係になっているわけです。

みんなの欲しいものがバラバラで、大きなシェアを取りづらくなっている。こうした状況では、ひとつのビジネスに多くの人を要する大きな組織ほど、リスクは高まっていきます。

そして、人口減少がさらに大きな問題を連れてきます。労働人口が減っていく中で、人材確保はさらに難しくなっていきます。

大きな規模を前提としたビジネスは成り立たなくなる。人材も採用に強い企業と弱い企業の明暗が、いままで以上にはっきりしてくる。

そうした中で、これからの組織はダウンサイジングが必要になってくると思います。

ひとつは、フリーランスとして独立することや、少人数での起業です。以前は難しい選択肢とされていましたが、そのハードルはどんどん低くなっています。

既存の企業は、分社化したり、プロジェクトごとに小さな組織をつくったりしてビジネスをしていくことが主流になると思います。ひとつのビジネスに100

人の社員が関わるのではなくて、10人のビジネスを10個つくるというイメージです。

小さな幸せが伝播《でんぱ》する社会

一人ひとりが代わりのいない存在になる

ニッチを狙ったビジネスと、ダウンサイジング。この2つは相性が良いと言えます。世の中のすべての人に買ってもらうためのビジネスではなく、自分と近い価値観を持つ人を相手にする。大きなビジネスをつくり上げることはできなくても、自分とその周辺の数人くらいが豊かになる程度を目標にする。

そして、少規模のビジネスで個人の価値観を前提にする以上、それぞれの能力や個性がビジネスの核になります。一人ひとりが代わりのいない存在になるんです。自分の得意なところを磨いて、それをメンバー同士が提供し合うグループです。

すると、仕事は与えるもの・もらうものではなくなります。立場上、中心的な存在がいるにしても、みんな対等の関係性になる。外部とのつながりも、形式上は委託・受託といった関係にはなるけれど、実質的には**対等な個人がつながり合う形になる**はずです。

個人がフラットにつながることで、組織の枠組みが緩んできます。無理していまの組織の中にいなくても、自分の力でお金を稼げるようになる。仕事は会社同士が受注・発注するものではなくなり、その仕事をする個人同士がつながるようになります。

そうして、**「複業」が可能になります**。サブ（副）の仕事ではなくて、複数の組織やコミュニティの中で、いろいろな仕事をしていく。

生計を立てるうえでリスクを分散する意味もありますし、ひとつの組織の中でどうしても発生するロスを削り、より効率的に自分の能力を生かすことができるようになります。1日8時間働いて、苦手なことにも時間を使うより、得意なことだければ、そのほうが楽しいし、パフォーマンスも高くなりますよね。

ひとりの人間がいろいろな場所で働くことになると、自分の周囲にいる人たちが、また別の人たちともつながっていきます。

どんどん伝播していって、たくさんの小さなグループが同時多発的に価値を生み出していく。そうして経済全体がフラットにつながって、大きなうねりとなる。個人でもそのきっかけになれる。そんな社会が、これからのスタンダードになっていくように思います。

「みんな一緒に幸せになる」は無理だった

僕は以前、従業員を50名ほど雇用して株式上場を目指していた時期がありました。

当時は、「僕が会社を大きくしていくことで、関わるすべての人とその家族も

幸せにしていきたい」という思いがありました。

いま思えばボンヤリしているけれど、会社規模を大きくすればみんなでよくなっていける、株式を上場できれば会社の知名度や信用も高まり、優秀な人材も採用できて好循環になるだろう、そのために、とにかくアクセル全開で頑張っていました。

ところが組織が大きくなると、固定費がかさんで必要な売り上げも大きくなります。さらにアクセルを踏み続けないといけません。組織を大きくして収益を上げることがみんなの幸せだと思っていたのに、いつの間にか、収益を上げなければ組織を維持できない状況になっていました。

組織を大きくしようとすればするほど、人と人とのトラブルも多くなります。お客様からのクレームであったり、従業員同士の意見の衝突であったり。

それらは直接的に収益を上げることにはつながらない場合がほとんどなので、解決することにモチベーションは一切上がりません。自分の時間や労力が割かれることに、大きなストレスを感じるようになっていました。

「こんな状態では上場どころか、結局誰も幸せにすることはできない。僕は何のためにビジネスをしているのだろう」と思い、組織を一気にダウンサイジングすることにしました。


その矢先に、東日本大震災。上場の計画は、これで完全に立ち消えとなりました。

ただ、ダウンサイジングを決断していなかったら、何も対処できずに会社ごと沈んでいたと思います。

もちろん震災を予想していたわけではありません。仕方なく選んだダウンサイジングが結果的に功を奏したというだけの話ですが、大きい組織が潜在的に持つリスクに気づいた出来事でした。

「自分で稼げ」をポジティブに言い換える

これまで、幸せのかたちは共有しやすいものでした。先にお話ししたように、みんなが欲しいものが共通していて、社会の成長と豊かになることがリンクしていました。つまり、**自分が思う幸せが、相手にとっての幸せでもあった**わけです。

それが**いま、幸せのかたちは人それぞれになっています**。「たくさんお金を稼ぎたい」という人がいる一方で、「そこそこ稼げればいい」「稼ぎは少なくても自分が好きなことに没頭できればいい」「出世よりも家族との時間を大切にしたい」という人もたくさんいます。

その中で、**「みんなで一緒に幸せになる」ということは難しくなっています**。たくさんの人が関わるビジネスが成り立ちづらいという意味でもそうですし、みんなの幸せのかたちが違うという意味でもそうです。

だからこそ、**一人ひとりが、自分で幸せになる必要があります。**

フラットにつながる社会で、**人と人とをつなげるのは、「共感」**です。「これが良い」と思う人同士がつながり、お客様もそこに共感してお金を払う。そのつながりはひとりひとつではなく、自分の中にあるまた別の価値観で、ほかの人ともつながる。そこでまた、価値が生まれる。

自分の価値観に沿ったビジネスを複数することで、幸せな暮らしができるようになります。少人数でいいんです。ある場所でつながった人は、また別のところでもつながることで、幸せになっていきます。

僕が目指して失敗した**「みんなで幸せになる」ではなく、小さな幸せがたくさん生まれる社会になる**はずです。小さな幸せとは、幸福度が低いということではありません。いろいろなかたちの幸せがあるということです。

いま、「雇用」の概念はどんどん薄くなり、組織の体制や働き方も変わっています。「終身雇用の崩壊」「副業解禁」「サラリーマン投資」といった言葉をよく聞くようになりました。簡単に言えば、「会社に頼るんじゃなくて、自分の収入は自分で稼いでね」というメッセージです。

これを受けて「会社や社会は信用できない。もう日本はダメだ」と言ってしまうのは簡単です。でもそれでは何も変わりません。

僕は、この状況をポジティブに言い換えることができるのではないかと思います。

これからは個人が自分の能力を磨き上げ、挑戦できる時代になります。その結果として、幸せはトレードオフではなくなる。みんなが幸せになることは、矛盾ではなくなるんです。

誰でもできるマネジメント

上下関係だけではもう人を動かせない

フラットにつながる社会では、人と人とのつながり方が、より複雑になっていきます。ある場面ではグループの中心として人を動かさないといけないし、別の場面では、ほかの誰かに上手に動かされないといけません。

その中で、コミュニケーションの重要性は、より増していきます。

これまでの組織は、「上の言うことを下が聞く」という前提で、なんとなく方向性を合わせることができていました。みんなにとっての幸せが同じかたち。「お金」「出世」のためには上下関係に従うしかないというベクトルで、人を引っ張っていくことができたわけです。

でも、人それぞれに幸せのかたちがバラバラで、組織に依存する必要性が低くなるのであれば、上下関係に従う必要性は少なくなっていきます。

また、大きな組織を上から引っ張って、全体として意思決定していくということでは、現代のニーズには対応し切れなくなっていきます。個人の志向は常に変化していきます。それに対応する意味でも小さなビジネスは有利なのであり、スピード感を持たなければ対応できません。

そうした中で、**目の前の人をただ「上司」「部下」「同僚」と見ていたら、人間関係は成り立たなくなります**。その人個人がどんな人なのかを見なければ、良い関係を築きながら仕事を進めていくことはできません。

これまで、人間関係の管理というのは、リーダーやマネジメント層に求められるものでした。でも、**フラットにつながる社会では、誰にもマネジメント能力が必要**です。

上手に動かし、動かされる

ここでいうマネジメント能力とは、これまでにイメージされるような、部下の管理や指導といったことではありません。上下関係なくつながる関係性の中で、どう相手を動かし、どう相手に動かされるかです。**汎用的なチームワークやマネジメントではなく、その人個人に合わせた付き合い方が必要になる**んです。

この本でお話ししてきたことを踏まえれば、パーソナリティ・タイプをもとにしたコミュニケーションがマネジメントにも役立つことはイメージしてもらえると思います。特にそれぞれのメンバーと直接接することができる少人数のグループであれば、ずいぶんとやりやすくなるはずです。

マネジメントに長けた人というのは、論理的な青タイプや、強い信念で人を引っ張る茶タイプのイメージがあると思います。

確かに、大人数でのマネジメントではそうした人のほうが向いている面もありますが、フラットにつながる社会では、数人のチームが主になります。それくらいの人数であれば、**必要なときだけ相手のタイプに合わせてあげることができます。**

例えば茶タイプには、自分の意見や価値観をしっかりと共有する。青タイプがいるなら段取りを崩さないように注意する。オレンジタイプには孤立しないように声がけを意識して、黄タイプがちょっと退屈そうにしていたら、軽いノリで話しかけてあげる。緑タイプには具体的に仕事を伝えて、必要以上に踏み込まない。赤タイプの行動力を尊重して、細かなルールで縛り付けないようにする。

もうちょっと発展させて、**チームを考えるときにパーソナリティ・タイプを基準にする**こともできます。新規事業の立ち上げなど、ガンガン営業していきたいと思うのであれば、赤タイプを多くする。すでにルーティン化された安定的な作業であれば、緑タイプを多くする。茶タイプと黄タイプなど、ぶつかりがちなタイプ同士を近くに置かない。あるいは、青・赤・オレンジで組ませることで、理論と行動力と雰囲気を調和させる。

この本を読んでくれた人であれば、とてもスムーズにマネジメントできるイメージを持てるのではないでしょうか。パーソナリティ・タイプの扱い方を応用すれば、マネジメントの多くの問題が解決されるはずです。

新しい共通言語ができる

さらに、自分だけではなくみんながパーソナリティ・タイプを知っていたらどうでしょうか。

メンバーみんなが、お互いの特徴を知っている。どんなことを嫌がるかを知っているし、何を喜ぶかも知っている。当然、ディストレスになることが少なくなります。仮にストレスが溜まっていても、サインを見て適切なケアができます。

これはすごいことです。これまで、イライラしたり落ち込んでいたりする人がいれば、周囲も引っ張られてネガティブな気持ちになることが多かったと思います。

あるいはケアしようとしても、うまくいかないこともあった。例えば青タイプの人にオレンジタイプの人が「大丈夫？　ちゃんと進んでる？」と声をかけると、青タイプは自分の能力を軽んじられたと感じて、素直に受け取ることができません。

だから「ほっといてくれ！」となって、声をかけたほうは「良かれと思って話しかけたのに……」と、こちらもストレスが溜まってしまいます。

これが**本人のタイプを知ることで、最適なケアができるようになります**。青タイプであれば、段取りを邪魔しないように配慮すればいい。そうして難所を乗り越えたときに、その成果を褒めれば本人も満たされるわけです。

そして何より、その人のネガティブな要素が、悪いことではなくなります。第3章でもお話ししたように、パーソナリティ・タイプの理解が進むと、人と色とを切り離して見られるようになります。

大きなため息をついている人がいたら「黄色が出てるね」って言えるようになる。嫌味でも変な気遣いでもありません。ただの事実として、端的に言えるようになる。本人も、非難されたと感じることなく自分の状況がわかります。

本書で説明してきたように、「黄タイプ」という言葉の裏には、たくさんの意味が隠されています。そのすべてをたったひと言で共有できるようになる。新しい共通言語ができることで、みんながみんなをマネジメントできるようになるんです。

違う願いを持つ人たちが同じ方向を向く

パーソナリティ・タイプに合わせたマネジメントの最大の長所は、**相手の本当の望みがわかるようになる**ことです。みんなある一面では言葉通りでも、必ずその裏に別の思考があります。

これまでのように、**同じベクトルでは人をまとめることはできなくなりました**。さまざまなかたちの幸せを持つ人たちを引っ張っていくためには、まずその人たちが望むことを知らなければいけません。

そうしたところを理解しないまま、**相手の表面上の言葉通りに捉えると、その人を正しく導いてあげることはできません**。一緒にベクトルを合わせて仕事をすることもできない。黄タイプの人が「お金のために」と働いていても、忙し過ぎて毎日が楽しくないのであれば、仮に稼げたとしても本末転倒なわけです。

どんな思考をする人なのか、どんなことを大事にして働いているのか、どんな価値観で生きているのか。その人自身を尊重しなければいけないんです。

目の前の人の本当の願いを知るということは、チームを組むうえですごく大事です。

以前の僕は、「みんなで一緒に仲良く仕事をしたい」と言われても、まったくピンときませんでした。そういうことを言っている人を見ると、否定してしまっていました。ひどいときは、「こいつは本気じゃない。一緒に仕事はできない」と考えることもありました。

でも、正しくオレンジタイプの思考パターンを知っていれば、それが本心であることがわかります。だったら、「確かにその考え方もあるよね」と受け入れることができる。自分の願いと相手の願いの違いを把握したうえで、同じ目的に向かって進んでいくことができるんです。

パーソナリティ・タイプをもとにしたコミュニケーションの土台には、相手の尊重があります。人をジャッジすることなく、その考え方を受け取る。そうして、いろいろな特性の人たちが一体感を持ち、お互いの良いところを生かして働くことのできるグループがつくられるんです。

おわりに

「私の色の組み合わせ、最強！」

正直に話すと、本書の内容を書籍という多くの人の目につく形で世の中に出すことに、とても大きな葛藤がありました。

その理由には、僕がビジネス畑で結果を積み重ねてきた人間であり、心理学やそれらに関連する学問に特化した専門家ではないということがあります。

もちろん、これらの学問に対して最大限の敬意を払っていますが、「各分野の専門家から見れば、邪道だと厳しい指摘を受けるかもしれない。やはり専門家が専門の立場で伝えるのが良いのではないか」という思いがありました。

ただ、その考えは自分の身を守るためのものであって、誰のためにもなっていない。それに気づかされることがたくさんありました。

おわりに

本書でお伝えしている内容は、僕が建学した「認識交流学」というビジネスコミュニケーションプログラムの一部です。セミナーや研修の受講者の方たちの声が、僕の背中を強く押してくれました。

講座を受講した後には、みなさん目を輝かせてくれます。

「私の色の組み合わせ、最強ですよね！」

「いやいや、私のも最強ですよ！」

いつの間にか自分のパーソナリティ・タイプ自慢が始まります。もちろん、優劣を比べることはありません。お互いのタイプを認め合います。

ある人は、「私はこのままで良いんだと思えました」と、自分を肯定できるようになりました。

ある人は、「自分にこんな一面があることに驚いたけど、なんだか楽しそう」と、新たな自己発見をしました。

ある人は、「自分の考えがすべてだと思っていたけど、そうじゃないことを理論的に知れて本当に良かった」と、他者を尊重する準備を整えました。

驚くほど多くの方が、このノウハウを通じてポジティブになっていきます。

そしてある方の「生涯使える知識をありがとう」というひと言が、本書の執筆を決心させてくれました。自分への批判を恐れるよりも、誰かの役に立てるのであれば、多くの人が手に取れる形で公開しようと考えたのです。


人間関係で起きる誤解やすれ違い、対立は、相手を受容し、尊重することでその大部分が解消されると思います。

その根幹にあるのは、「自分の常識は他人の非常識」という現実を、奇麗な言葉として感覚的に受け入れるのではなく、正しく理解することです。

「人は違ってみんないい」と言いながら、みんなどうしても自分の色メガネで他者を見てしまいます。それは、自分以外の思考パターンがあることを知らないからではないでしょうか。

それらを具体的に理解する最短の方法が、思考パターンをタイプ分けすることだと思います。ひとつの基準を持つことで、まずは自分を理解することが可能になります。自己理解を深めることが、他者との違いを具体的に理解することにつながります。そこに、受容と尊重が生まれるのです。

さて、本書は、多くの方の協力により完成させることができました。

特に、編集担当の久保木勇耶さんがいなければ本書を完成させることは不可能でした。また、プログラム制作に当たり、多大なる貢献をいただいた行政書士の柴田香里さん、深い洞察で細部をサポートいただいた堅田沙希さん。本当に、ありがとうございました。そして多くの知見を与えてくれた各方面の専門家の方々に、感謝いたします。

最後に、本書に興味を持っていただいたあなたに感謝申し上げます。この出会いが、みなさんにとって、人間関係の苦しさから解放され、自分らしい日常を過ごせるようになるきっかけになれば、嬉しい限りです。

中村青瑚

- ダニエル・ネトル(著)／竹内和世(訳)『パーソナリティを科学する:特性5因子であなたがわかる』白揚社
- ダン・アリエリー(著)／熊谷淳子(訳)『予想どおりに不合理:行動経済学が明かす「あなたがそれを選ぶわけ」』早川書房
- 坪田信貴『人間は9タイプ:子どもとあなたの伸ばし方説明書』KADOKAWA
- 坪田信貴『人間は9タイプ:仕事と対人関係がはかどる人間説明書』KADOKAWA
- ドン・リチャード・リソ、ラス・ハドソン(著)／高岡よし子、ティム・マクリーン(訳)『エニアグラム【基礎編】自分を知る9つのタイプ』KADOKAWA
- ドン・リチャード・リソ、ラス・ハドソン(著)／高岡よし子、ティム・マクリーン(訳)『エニアグラム【実践編】人生を変える9つのタイプ活用法』KADOKAWA
- ネッド・ハーマン(著)／高梨智弘(監訳)『ハーマンモデル:個人と組織の価値創造力開発』東洋経済新報社
- ハイディ・グラント・ハルバーソン(著)／高橋由紀子(訳)『だれもわかってくれない:傷つかないための心理学』早川書房
- ハイディ・グラント・ハルバーソン(著)／児島修(訳)『やってのける:意志力を使わずに自分を動かす』大和書房
- 平田オリザ『わかりあえないことから:コミュニケーション能力とは何か』講談社
- フランソワ・ルロール、クリストフ・アンドレ(著)／高野優(訳)『感情力:自分をコントロールできる人できない人』紀伊國屋書店
- フランソワ・ルロール、クリストフ・アンドレ(著)／高野優(訳)『難しい性格の人との上手なつきあい方』紀伊国屋書店
- ブライアン・R・リトル(著)／児島修(訳)『自分の価値を最大にするハーバードの心理学講義』大和書房
- 松村圭一郎『はみだしの人類学:ともに生きる方法』NHK出版
- マルティン・ブーバー(著)／植田重雄(訳)『我と汝・対話』岩波書店
- 南章行『好きなことしか本気になれない。人生100年時代のサバイバル仕事術』ディスカヴァー・トゥエンティワン
- 山口周『ニュータイプの時代:新時代を生き抜く24の思考・行動様式』ダイヤモンド社
- 山口周『ビジネスの未来:エコノミーにヒューマニティを取り戻す』プレジデント社
- 吉野一枝、田中剛太『自分を知る「6つのキャラ」:人間関係うまくいく! 心理学にもとづくPCMメソッド入門』小学館
- 六角浩三『あなたと組織を救うT.A.』ジェイ・インターナショナル
- ロナルド・A・ハイフェッツ、マーティ・リンスキー、アレクサンダー・グラショウ(著)／水上雅人(訳)『最難関のリーダーシップ:変革をやり遂げる意志とスキル』英治出版
- ロバート・キーガン、リサ・ラスコウ・レイヒー(著)／池村千秋(訳)『なぜ人と組織は変われないのか:ハーバード流自己変革の理論と実践』英治出版

参考文献

■書籍

- 芦原睦(監修)『自分がわかる心理テストPART2:エゴグラム243パターン全解説』講談社
- イアン・スチュアート、ヴァン・ジョインズ(著)/深沢道子(監訳)『TA TODAY:最新・交流分析入門』実務教育出版
- イアン・スチュアート(著)/日本交流分析学会(訳)『エリック・バーンの交流分析:フロイト、ユング、アドラーを超える心理学』実業之日本社
- 宇田川元一『他者と働く:「わかりあえなさ」から始める組織論』ニューズピックス
- ヴァン・ジョインズ、イアン・スチュアート(著)/白井幸子、繁田千恵(監訳)『交流分析による人格適応論:人間理解のための実践的ガイドブック』誠信書房
- エドガー・H.シャイン(著)/金井壽宏(監訳)/原賀真紀子(訳)『問いかける技術:確かな人間関係と優れた組織をつくる』英治出版
- エリック・バーン(著)/江花昭一(監訳)/丸茂ひろみ、三浦理恵(訳)『エリック・バーン人生脚本のすべて:人の運命の心理学――「こんにちは」の後に、あなたは何と言いますか?』星和書店
- 神田昌典『神田正典の英語の近道』フォレスト出版
- 倉成宣佳『交流分析にもとづくカウンセリング:再決断療法・人格適応論・感情処理法をとおして学ぶ』ミネルヴァ書房
- 古賀嵩尚(著)/ケーラー・コミュニケーションズ・ジャパン(監修)『中高年サラリーマンのストレスからの脱却法』文芸社
- サリー・ホッグスヘッド(著)/白倉三紀子(訳)『あなたはどう見られているのか:2つの強みから導く、あなただけの魅力』パイインターナショナル
- 新里里春、水野正憲、桂戴作、杉田峰康『交流分析とエゴグラム(Transactional analysis series 3)』チーム医療
- ジョージ・サイモン(著)/秋山勝(訳)『他人を支配したがる人たち:身近にいる「マニピュレーター」の脅威』草思社
- 杉田峰康『新しい交流分析の実際:TA・ゲシュタルト療法の試み』創元社
- 杉田峰康『交流分析のすすめ:人間関係に悩むあなたへ』日本文化科学社
- 鈴木敏昭『人生の99%は思い込み:支配された人生から脱却するための心理学』ダイヤモンド社
- 鈴木秀子『9つの性格:エニアグラムで見つかる「本当の自分」と最良の人間関係』PHP研究所
- ダニエル・カーネマン(著)/村井章子(訳)『ファスト&スロー:あなたの意思はどのように決まるか?』(上・下)早川書房

中村青瑚（なかむら・せいご）

認識交流学学長。

1975年生まれ。20代で廃業・借金を経験したことで、実践的な知識の必要性を感じ、マーケティングやセールスなどを独学で学ぶ。そこにビジネスの現場で得たリアルな情報を組み合わせ、独自のメソッドを確立。

それらをもとに、32歳で立ち上げた服飾事業で地域一番店を構築。事業拡大で株式上場を目指すが東日本大震災などの影響で挫折。

その後、リサイクル事業で全国規模の組織を構築。現在は複数の事業やサービスを展開する現役の事業家として、職種を問わず「最小限のリソースで最大限の利益を得る仕組み」に関する講演や事業相談を受ける。クライアントは国公立大学や上場企業をはじめ300社を超え、年間の講演受講者数は延べ1000名を超える。

また、人の消費行動分析や顧客との信頼関係構築、組織マネジメントの手段として、人間性心理学・行動心理学・認知科学・行動経済学などの分野への造詣も深い。

それらの知見を土台に、他者との円滑な関係性構築と自己成長を目的とする「認識交流学」を建学。「口コミのみ」で広がり、企業研修などにも取り入れられている。

受講者からは「これほど実践的な心理学の応用は初めて」「上司とのやり取りに苦労しなくなった」「顧客のニーズを読み取れるようになった」「自分の内面に納得できた」といった声が多数寄せられている。

●中村青瑚Twitter　@go_cta または「ガクチョウ」で検索
https://twitter.com/go_cta

セミナー開催日程の確認・申し込みはこちらから！

●認識交流学ホームページ　「認識交流学」で検索
https://ninshikigaku.com

プロの俳優が実演

声のトーンの
演習音声ダウンロード

タイプに合わせたコミュニケーションのためには、「声のトーン」がとても大事です。

本書の「タイプ別接し方」で挙げたコミュニケーションの失敗例と、それを改善して円滑にコミュニケーションできている事例を、音声でご用意しています。

ぜひ、本書と合わせて参考にしてください。

声：紺野ふくた、今井蘭

※本書の内容と一部異なる部分があります。
※この特典は予告なく終了する場合があります。

ダウンロードはこちらから
https://ninshikigaku.com/present_tone

言えない　聞けない　伝わらない

コミュニケーションのもどかしさがなくなる本

2021年9月16日　第1刷発行

著者　中村青《せい》瑚《ご》

ブックデザイン・図表　別府拓（Q.design）
イラスト　ひらのんさ
校正　菅波さえ子
発行人　永田和泉
発行所　株式会社イースト・プレス
〒101-0051東京都千代田区神田神保町2-4-7 久月神田ビル
Tel.03-5213-4700 Fax.03-5213-4701
https://www.eastpress.co.jp
印刷所　中央精版印刷株式会社

ISBN 978-4-7816-2005-3